ИДИОТ

차 례

Предисловие	♦ 005
Часть первая	♦ 009
Часть вторая	♦ 121
Часть третья	♦ 165
Часть четвёртая	♦ 213

ПРЕДИСЛОВИЕ

서문

Фёдор Михайлович Достоевский (1821–1881). Ру́сский писа́тель-реали́ст, мысли́тель-гумани́ст. Роди́лся 30 октября́ 1821 года в Москве́, сын врача́, образова́ние получи́л в инжене́рном учи́лище в Санкт-Петербу́рге. В 1841-ом стал офице́ром, в 1843-ем око́нчил офице́рскую школу и на́чал служи́ть в петербу́ргской инжене́рной кома́нде, о́сенью 1844-го вы́шел в отста́вку.

В 1845-ом году́ пе́рвая по́весть Достое́вского «Бе́дные лю́ди» была́ опублико́вана в демократи́ческом журна́ле «Оте́чественные Запи́ски» и получи́ла высо́кие о́тзывы кри́тики. Зате́м выхо́дит ряд повесте́й из жи́зни чино́вников.

Писа́тель интересу́ется возмо́жностью социа́льных измене́ний в о́бществе, уча́ствует в литерату́рном кружке́, кото́рый изуча́ет иде́и социали́зма. 21 декабря́ 1849-го го́да за уча́стие в э́том кружке́ приговорён к сме́ртной ка́зни, но по́сле измене́ния пригово́ра со́слан в Сиби́рь на 4 го́да. В 1856-ом году́ возврати́лся в Росси́ю. Пе́рвые произведе́ния по́сле ссы́лки — «Дя́дюшкин сон» и «Село́ Степа́нчиково».

С 1860-го го́да Достое́вский живёт в Санкт-Петербу́рге и с 1861-го го́да с бра́том издаёт ежеме́сячный журна́л «Вре́мя», где печа́тает рома́н «Уни́женные и оскорблённые» и «Запи́ски из мёртвого до́ма», в кото́рых описа́л жизнь в Сиби́ри. В 1863-ем году́ журна́л был запрещён.

По́сле пое́здки за грани́цу появи́лись рома́ны «Преступле́ние и наказа́ние» (1866), «Идио́т» (1868) и «Бе́сы» (1871–1872). С 1873-его го́да рабо́тает реда́ктором журна́ла «Граждани́н», где печа́тает свой «Дневни́к писа́теля». В 1875-ом году́ печа́тает рома́н «Подро́сток», в 1876—78-ом года́х издаёт «Дневни́к писа́теля» в отде́льной кни́ге. В 1879-ом году́ вы́шел рома́н «Бра́тья Карама́зовы».

У́мер 28 января́ 1881-го го́да и похоро́нен в Алекса́ндро-Не́вской ла́вре.

Рома́ны Достое́вского — ре́дкие образцы́ глубо́кого психологи́ческого ана́лиза, кото́рый открыва́ет та́йны челове́ческого се́рдца.

Всю жизнь писа́тель иска́л Челове́ка в челове́ке. Он ве́рил в

то, что челове́к — не про́сто «фортепиа́нная кла́виша», кото́рая то́лько реаги́рует на чьё-то влия́ние. Челове́к по приро́де свое́й спосо́бен сам различа́ть добро́ и зло, де́лать акти́вный вы́бор ме́жду ни́ми и через него́ развива́ться.

ЧАСТЬ ПЕ́РВАЯ

I

В конце ноября, в тёплую погоду, часов в девять утра, поезд Петербургско-Варшавской железной дороги на всех парах¹ подходил к Петербургу.

В одном из вагонов третьего класса², с рассвета, сидели друг против друга, у самого окна, два пассажира. Оба люди молодые, оба почти налегке⁴, просто одетые и оба хотели, наконец, заговорить друг с другом.

Один из них был небольшого роста, лет двадцати семи, курчавый³ и почти черноволосый, с серыми, маленькими, но горящими глазами. Его тонкие губы

постоянно как-то зло улыбались. Он был тепло одет, а сосед его к ноябрьской русской ночи, очевидно, был не готов. На нём был широкий и толстый плащ без рукавов и с большим капюшоном, как носят часто путешественники зимой где-нибудь далеко за границей, в Швейцарии или, например, в Северной Италии. Он был молодой человек, тоже лет двадцати шести или двадцати семи, роста немного повыше среднего, с очень светлыми и густыми волосами, с худыми щеками и с маленькой, почти совершенно белой бородкой. Глаза его были большие, голубые и внимательные; в них что-то говорило о возможной болезни. Черноволосый пассажир спросил с невежливой улыбкой:

— Холодно?

— О́чень, — отве́тил сосе́д. — Я да́же не ду́мал, что у нас так хо́лодно. Отвы́к.

— Из-за грани́цы, что ль?

— Да, из Швейца́рии.

Начался́ разгово́р. Световоло́сый пассажи́р рассказа́л, что действи́тельно не был в Росси́и бо́льше четырёх лет, что отпра́влен был за грани́цу лечи́ться от не́рвной боле́зни. «Что же, вы́лечили?» — спроси́л черноволо́сый. А сосе́д отвеча́л, что «нет, не вы́лечили».

— Хе! Де́нег, должно́ быть, заплати́ли мно́го, а мы́-то им здесь ве́рим.

— Э́то пра́вда! — заме́тил тре́тий, пло́хо оде́тый господи́н, похо́жий на ме́лкого чино́вника. — То́лько всё ру́сское беспла́тно к себе́ беру́т!

— О, как вы в моём случае ошибаетесь, — продолжил швейцарский пациент. — Мой доктор мне из своих последних денег ещё на дорогу сюда дал, да два почти года там за меня платил.

— Что ж, некому платить, что ли, было? — спросил черноволосый.

— Да, господин Павлищев, который за меня там платил, два года назад умер; я писал потом сюда генеральше[7] Епанчиной[30], моей дальней родственнице, но ответа не получил. Так с тем и приехал.

— Куда же приехали-то?

— То есть где остановлюсь?.. Да не знаю ещё, право.

— А позвольте узнать, с кем я говорю, — обратился вдруг третий господин к светловолосому молодому человеку.

— Князь Лев Николаевич Мышкин, — отвечал тот.

— Князь Мышкин? Лев Николаевич? Не знаю-с, — отвечал в раздумье господин.

— О, ещё бы! — ответил князь. — Князей Мышкиных теперь и совсем нет, кроме меня; мне кажется, я последний.

— А что вы, князь, и наукам там обучались? — спросил вдруг черноволосый.

— Да... учился...

— А я вот ничему никогда не обучался.

— Да ведь и я так, кое-чему только. Меня по болезни[10] не могли систематически учить.

— Рогожиных знаете? — быстро спросил черноволосый.

— Нет, не знаю, совсем. Я ведь в России очень мало кого знаю. Это вы Рогожин?

— Да, я Рогожин, Парфён.

— Парфён? Да уж это не тех ли самых Рогожиных... — начал было с усиленной важностью чиновник[9].

— Да, тех, тех самых, — быстро перебил его черноволосый.

— Да... как же это? — удивился чиновник. — Это того самого Семёна Парфёновича Рогожина, что с месяц назад[18] умер и два с половиной миллиона капитала оставил?

— А ты откуда узнал, что он два с половиной миллиона капитала оставил? — перебил черноволосый. — А это правда, что вот родитель мой умер, а я из Пскова через месяц чуть не без сапог домой еду. Пять недель назад я, вот как и вы, — обратился Рогожин к князю, — с одним узелком[11] от родителя во Псков убежал к тётке. Если бы не убежал тогда, он бы меня убил. Во Пскове они все думают, что я ещё болен, а я, ни слова не говоря, потихоньку, сел в вагон, да и еду; встречай, братец Семён Семёныч[5]! Он родителю покойному на меня наговаривал[12], я знаю. А я через Настасью Филипповну тогда родителя злил.

— Через Настасью Филипповну? — спросил чиновник, как бы о чём-то думая.

— Да ведь не знаешь! — воскликнул Рогожин.

— Вот и знаю! — победоносно отвечал чиновник. — Лебедев знает! Видно, та самая Настасья[6] Филипповна Барашкова, знатная барыня и тоже в своём роде княгиня, а знакома с неким Тоцким Афанасием Ивановичем, помещиком[19] и раскапиталистом[17], и дружит с

генералом Епанчиным.

— Эге! Да ты вот что! — действительно удивился, наконец, Рогожин. — Тьфу, чёрт, да ведь он и правда знает.

— Лебедев всё знает!

— Это вот всё так и есть, — подтвердил Рогожин. — Я тогда, князь, через Невский[13] перебегал, а она из магазина выходит, в экипаж садится. Так меня тут и прожгло[15]. Встречаю приятеля, тот говорит, не пара[16] тебе княгиня, а зовут её Настасьей Филипповной, фамилией Барашкова, и живёт с Тоцким, а Тоцкий от неё теперь не знает как освободиться, потому что исполнилось ему пятьдесят пять лет и он жениться хочет на первейшей раскрасавице во всём Петербурге. Тут он мне и сказал, что сегодня же можешь Настасью Филипповну в Большом театре видеть, в балете, в ложе своей, в бенуаре, будет сидеть. Я, однако же, на час втихомолку[14] сбегал и Настасью Филипповну опять видел; всю ночь не спал. На утро отец даёт мне два банковских кредитных билета по пять тысяч каждый. Сходи да продай, говорит, да семь тысяч пятьсот к Андреевым в контору отнеси, уплати, а остальную сдачу с десяти тысяч, не заходя никуда, мне принеси. Билеты-то я прóдал, дéньги взял, а к Андрéевым в контóру не заходи́л, а пошёл, никудá не гля́дя, в англи́йский магази́н, да на все пáру серёжек и вы́брал, по одномý бриллиáнтику в кáждой, почти́ по орéху бýдут, четы́реста рублéй дóлжен остáлся, и́мя сказáл, повéрили. С серёжками я к прия́телю: идём, брат, к Настáсье Фили́пповне. Отпрáвились. Пря́мо к ней в зал вошли́, самá вы́шла к нам. Я тогдá не сказáл, что э́то я сáмый и есть; а «от Парфёна Рогóжина», говори́т прия́тель, «вам в пáмять вчерáшней встрéчи; бýдьте добры́ приня́ть». Откры́ла, посмотрéла, усмехнýлась: «Благодари́те,— говори́т, — вáшего дрýга господи́на Рогóжина за его́ внимáние», и ушлá. Ну, вот зачéм я тут не ýмер тогдá же! Прия́тель смеётся: «А вот кáк-то ты тепéрь Семёну Парфёнычу отчёт давáть бýдешь?» Я, прáвда, хотéл бы́ло тогдá же в вóду, домóй не заходя́, да дýмаю: «ведь уж всё равнó», и вернýлся домóй. Тóтчас взял меня́ отéц и наверхý закры́л, и цéлый час поучáл[20]. Что ж ты дýмаешь? Поéхал он к Настáсье Фили́пповне, умоля́л[21] и плáкал; вы́несла онá емý наконéц корóбку, брóсила: «Вот, — говори́т, — тебé, стáрая бородá, твои́ сéрьги, а они́ мне тепéрь в дéсять раз дорóже ценóй. Кла́няйся, говори́т, и благодари́ Парфёна Семёныча».

Ну, я в это время во Псков и отправился, да пошёл потом пить на последние деньги, да в бесчувствии всю ночь на улице и пролежал, а к утру жар[23]. С трудом в себя пришёл.

— А вот и приехали!

Действительно, въезжали на вокзал. Хотя Рогожин и говорил, что он уехал тихонько, но его уже поджидали несколько человек.

— Ишь, все тут! — пробормотал[22] Рогожин, посмотрел на них с торжествующей и даже злобной улыбкой и вдруг обратился к князю:

— Князь, не известно мне, за что я тебя полюбил. Может, оттого, что в такую минуту встретил, да вот ведь и его встретил (он указал на Лебедева), а ведь не полюбил же его. Приходи ко мне, князь. Одену тебя в шубу, фрак[24] тебе сошью, жилетку[25] белую, денег дам и... поедем к Настасье Филипповне! Придёшь или нет?

Князь Мышкин привстал, вежливо протянул Рогожину руку и любезно сказал ему:

— С величайшим удовольствием приду и очень вас благодарю за то, что вы меня полюбили. Даже, может быть, сегодня же приду, если успею. Потому, я вам скажу откровенно, вы мне сами очень понравились.

Благодарю́ вас за обе́щанное мне пла́тье[26] и за шу́бу, потому́ что мне действи́тельно пла́тье и шу́ба ско́ро нужны́ бу́дут. Де́нег же у меня́ в настоя́щую мину́ту почти́ ни копе́йки нет.

— Де́ньги бу́дут, к ве́черу бу́дут, приходи́!

— Бу́дут, бу́дут, — доба́вил чино́вник, — к ве́черу и до зари́[27] ещё бу́дут!

— А до же́нского по́ла вы, князь, охо́тник[28] большо́й?

— Я н-н-нет! Я ведь... по боле́зни мое́й да́же совсе́м же́нщин не зна́ю.

— Ну, е́сли так, — сказа́л Рого́жин, — совсе́м ты, князь, выхо́дишь юро́дивый[29], и таки́х, как ты, бог лю́бит!

Ско́ро шу́мная толпа́ удали́лась по направле́нию к Вознесе́нскому проспе́кту. Кня́зю на́до бы́ло поверну́ть к Лите́йному.

Коммента́рий

1   на всех пара́х — о́чень бы́стро; с большо́й ско́ростью

2   ваго́н тре́тьего кла́сса — са́мый дешёвый ваго́н по́езда

3   курча́вый — вью́щийся (о волоса́х), с волоса́ми коле́чками

4   налегке́ — без багажа́

5   Семёныч — разгово́рная фо́рма о́тчества Семёнович

6   Наста́сья — разгово́рная фо́рма и́мени Анастаси́я

7   генера́льша — жена́ генера́ла

8   позво́лить — разреши́ть

9   чино́вник — госуда́рственный слу́жащий

10 по боле́зни — из-за боле́зни, по причи́не боле́зни

11 узело́к — ма́ленький мя́гкий паке́т, завя́занный узло́м

12 нагова́ривать (кому́ на кого́) — говори́ть плохо́е о ко́м-либо

13 Не́вский — центра́льный проспе́кт в Санкт-Петербу́рге

14 втихомо́лку — никому́ не сказа́в, та́йно

15 прожгло́, проже́чь — здесь: произвести́ си́льное впечатле́ние

16 не па́ра — друго́го социа́льного кру́га, неподходя́щий

17 раскапитали́ст — кру́пный капитали́ст

18 с ме́сяц наза́д — о́коло ме́сяца наза́д, приме́рно ме́сяц наза́д

19 поме́щик — дереве́нский аристокра́т, землевладе́лец

20 поуча́ть — здесь: бить с це́лью испра́вить оши́бки в поведе́нии

21 умоля́ть — о́чень проси́ть

22 пробормота́ть — сказа́ть ти́хо и не совсе́м поня́тно

23 жар — высо́кая температу́ра, лихора́дка

24 фрак — пара́дная, выходна́я мужска́я оде́жда

25 жиле́тка — коро́ткая мужска́я оде́жда без воротника́ и рукаво́в

26 пла́тье — здесь: оде́жда

27 заря́ — здесь: восхо́д со́лнца, рассве́т

28 охо́тник — люби́тель

29 юро́дивый — не в своём уме́

30 Епанчин(а) - стари́нная дворя́нская фамилия. В да́нной фамилии допуска́ются два варианта ударе́ния: Епанчи́н и Епа́нчин.

Вопросы

- Кто сидел у самого окна в вагоне третьего класса?
- Как выглядели молодые люди?
- Откуда возвращался белокурый молодой человек?
- Почему он жил в Швейцарии?
- Кому князь Мышкин написал письмо в Петербург и какой ответ получил?
- Кто такой Парфён Рогожин? Что можно сказать о его характере?
- Почему Рогожин и Мышкин ехали в вагоне третьего класса?
- Как звали третьего участника разговора в вагоне?
- Кто такая Настасья Филипповна?
- Что предложил Рогожин князю Мышкину, когда они приехали в Петербург?

II

Генерал Епанчин жил в собственном доме, несколько в стороне от Литейного. Кроме этого превосходного дома, большая часть которого сдавалась внаём[1], генерал Епанчин имел ещё огромный дом на Садовой, приносивший тоже немалый доход. Слыл[2] он человеком с большими деньгами и с большими связями. Летами[3] генерал Епанчин был ещё, как говорится, в самом соку[4], то есть пятидесяти шести лет.

Семейство генерала состояло из супруги[5] и трёх взрослых дочерей. Генеральша была из княжеского рода Мышкиных, рода хотя и не блестящего, но древнего, и за своё происхождение весьма уважала себя. В последние годы подросли все три генеральские дочери, Александра, Аделаида и Аглая. Все три были замечательно хороши собой, не исключая и старшей, Александры, которой уже минуло двадцать пять лет. Средней было двадцать три года, а младшей, Аглае, только что исполнилось двадцать. Все три отличались образованием, умом и талантами. Старшая была музыкантша, средняя была замечательный живописец. Замуж они не торопились.

Было уже около одиннадцати часов, когда князь позвонил в квартиру генерала. Князю открыл слуга, и ему долго нужно было объясняться с этим человеком. Наконец слуга проводил его в маленькую переднюю и сдал его с рук на руки другому человеку, докладывавшему генералу о посетителях.

— Подождите в приёмной, — проговорил он, со

стро́гим удивле́нием посма́тривая на кня́зя, расположи́вшегося тут же ря́дом о́коло него́ на сту́ле. — Вам к самому́ генера́лу? Да вы то́чно... из-за грани́цы? — ка́к-то нево́льно спроси́л он наконе́ц.

— Да, сейча́с то́лько из ваго́на. Мне ка́жется, вы хоте́ли спроси́ть: то́чно ли я князь Мы́шкин? Уверя́ю вас, что я не обману́л вас и вы отвеча́ть за меня́ не бу́дете. А что я в тако́м ви́де, то тут удивля́ться не́чего: в настоя́щее вре́мя мои́ обстоя́тельства пло́хи.

— Гм. Я опаса́юсь не того́, ви́дите ли... Вы не по бе́дности к генера́лу, позво́льте узна́ть?

— О, нет, в э́том бу́дьте соверше́нно уве́рены. У меня́ друго́е де́ло.

— Вы меня извините, а я на вас глядя спросил. Подождите секретаря.

— Если долго ждать, то я бы вас попросил: нельзя ли здесь где-нибудь покурить? У меня трубка и табак с собой.

— Покурить? — с удивлением посмотрел на него слуга. — Нет, здесь вам нельзя покурить.

— О, я ведь не в этой комнате просил; а я бы вышел куда-нибудь, потому что привык, а вот уж часа три не курил.

— Ну как я о вас о таком доложу? — пробормотал почти невольно слуга. — Да вы что же, у нас жить хотите?

— Нет, не думаю. Даже если б и пригласили, так не останусь. Я просто познакомиться только приехал.

— Как? Познакомиться? — с утроенной подозрительностью спросил слуга. — Как же вы сказали сначала, что по делу?

— О, почти не по делу! То есть, если хотите, и есть одно дело, так только совета спросить, но я главное, чтобы познакомиться, потому что я князь Мышкин, а генеральша Епанчина тоже последняя из князей Мышкиных и, кроме меня с нею, Мышкиных больше и нет.

— Так вы ещё и родственник? — сказал уже совсем испуганный слуга.

— И это почти что нет. Впрочем, конечно, родственники. Я раз обращался к генеральше из-за границы с письмом, но она мне не ответила. Примут — хорошо, не примут — тоже, может быть, очень хорошо.

Князь встал, снял с себя плащ и остался в довольно приличном и хорошо сшитом, хотя и поношенном уже пиджаке. По жилету шла стальная цепочка. На цепочке оказались женевские серебряные часы.

— Здесь у вас в комнатах зимой теплее, чем за границей, — заметил князь.

— А долго вы ездили?

— Да четы́ре го́да. Впро́чем, я всё на одно́м ме́сте сиде́л, в дере́вне.

— В Петербу́рге-то пре́жде жи́ли?

— Почти́ нет, так то́лько, прое́здом. И пре́жде ничего́ здесь не знал, а тепе́рь сто́лько но́вого, что, говоря́т, кто и знал-то, так сно́ва переу́чивается. Здесь про суды́ тепе́рь мно́го говоря́т. Что у нас сме́ртной ка́зни[6] нет.

— А там казня́т?

— Да. Я во Фра́нции ви́дел, в Лио́не. Я пря́мо вам скажу́ моё мне́ние. Убива́ть за уби́йство намно́го бо́льшее наказа́ние, чем само́ преступле́ние. Уби́йство по пригово́ру намно́го ужа́снее, чем уби́йство разбо́йничье[7]. Тот, кого́ убива́ют разбо́йники, но́чью, в лесу́, обяза́тельно ещё наде́ется, что спасётся, до са́мого после́днего мгнове́ния. А тут всю э́ту после́днюю наде́жду отнима́ют наве́чно.

Слуга́, хотя́ и не мог бы так вы́разить всё э́то, как князь, но гла́вное по́нял, что ви́дно бы́ло да́же по лицу́ его́.

— Е́сли уж вы так хоти́те, — сказа́л он, — покури́ть, то, пожа́луй, и мо́жно, е́сли то́лько поскоре́е...

Но князь не успе́л покури́ть. В пере́днюю вдруг вошёл молодо́й челове́к с бума́гами в рука́х. Молодо́й человек посмотрел на князя.

— Это, Гаврила Ардалионыч, — начал слуга, — князь Мышкин, родственник Елизаветы Прокофьевны, приехал из-за границы.

— Вы князь Мышкин? — спросил Гаврила Ардалионыч чрезвычайно любезно и вежливо. Это был очень красивый молодой человек, тоже лет двадцати восьми, стройный блондин, средневысокого роста, с маленькой наполеоновской бородкой, с умным и очень красивым лицом. Только улыбка его, при всей её любезности, была что-то уж слишком тонка; взгляд, несмотря на всю весёлость и видимое простодушие его, был что-то уж очень внимательным и изучающим.

— Не вы ли, — спросил он, — год назад или даже больше прислали письмо, кажется, из Швейцарии, к Елизавете Прокофьевне?

— Точно так.

— Так вас здесь знают и точно помнят. Вы к его превосходительству? Сейчас я доложу...

В это время вдруг открылась дверь из кабинета, и какой-то военный вышел оттуда:

— Ты здесь, Ганя[8]? Проходи-ка сюда!

Гаврила Ардалионович кивнул головой князю и по-

спе́шно прошёл в кабине́т.

Мину́ты че́рез две дверь откры́лась сно́ва и послы́шался зво́нкий и приве́тливый го́лос Гаври́лы Ардалио́новича:

— Князь, пожа́луйте!

Коммента́рий

1. отдава́ть внаём — сдава́ть ко́мнаты в аре́нду
2. слыть — по мне́нию люде́й, быть
3. лета́ми — во́зрастом
4. в са́мом соку́ — в расцве́те сил и здоро́вья
5. супру́га — жена́ (супру́г — муж, вме́сте: супру́ги)
6. сме́ртная казнь — лише́ние жи́зни по реше́нию суда́, вы́сшая ме́ра наказа́ния
7. разбо́йничий: разбо́йник — банди́т, престу́пник

Вопросы

- Куда́ пришёл князь с вокза́ла?
- Почему́ он пришёл в дом Епанчины́х?
- Бога́т ли был генера́л Епанчи́н?
- Ско́лько дочере́й бы́ло у генера́ла Епанчина́? Ско́лько им бы́ло лет? Как их зва́ли?
- Как встре́тил кня́зя слуга́ генера́ла?
- Почему́ слуга́ не хоте́л докла́дывать генера́лу о кня́зе Мы́шкине?
- О чём рассказа́л Мы́шкин слуге́? Как его́ характеризу́ет разгово́р о сме́ртной ка́зни?
- Почему́ слуга́ разреши́л кня́зю кури́ть?
- Кто тако́й Гаври́ла Ардалио́нович?
- Кто така́я Елизаве́та Проко́фьевна?

III

Генера́л Ива́н Фёдорович Епанчи́н стоя́л посреди́ своего́ кабине́та и с чрезвыча́йным любопы́тством смотре́л на входя́щего кня́зя. Князь подошёл и предста́вился.

— Так-с, — отвеча́л генера́л, — чем же могу́ служить?

— Дела я никакого не имею; цель моя была просто познакомиться с вами. Не желал бы беспокоить... Но я только что сам из вагона... приехал из Швейцарии...

Генерал чуть-чуть было усмехнулся, но подумал и быстро указал ему стул. Ганя сидел в углу кабинета, у стола, и разбирал бумаги.

— Для знакомств вообще я мало времени имею, — сказал генерал, — но так как вы, конечно, имеете свою цель, то...

— Я так и предчувствовал, — перебил князь, — что вы непременно[1] увидите в посещении моём какую-нибудь особенную цель. Но ей-богу[2], кроме удовольствия познакомиться, у меня нет никакой частной цели.

— Удовольствие, конечно, и для меня большое, но не всё же развлечения, иногда, знаете, случаются и дела...

— Причины нет, бесспорно, и общего, конечно, мало. Потому что, если я князь Мышкин и ваша супруга из нашего рода, то это, разумеется, не причина. Но, однако ж, я хотел только познакомиться.

— Позвольте узнать, где остановились?

— Я ещё нигде не остановился.

— Судя по вашим словам, я было подумал[3], что вы уж так прямо ко мне.

— Это могло быть[4], но не иначе, как по вашему приглашению. Я же, признаюсь, не остался бы и по приглашению.

— Ну, стало быть, и кстати, что я вас не пригласил и не приглашаю. Так как мы сейчас договорились, что насчёт родственности между нами и слова не может быть, то, стало быть...

— То, стало быть, вставать и уходить? — приподнялся князь, как-то даже весело рассмеявшись. — Ну, прощайте и извините, что побеспокоил.

Взгляд князя был до того ласков в эту минуту, что генерал вдруг остановился.

— А знаете, князь, — сказал он совсем другим голосом, — ведь я вас всё-таки не знаю, да и Елизавета Прокофьевна, может быть, захочет посмотреть на однофамильца... Подождите, если хотите, если у вас есть время.

— О, у меня есть время.

— Вот что, князь, — сказал генерал с весёлою улыбкой, — если вы в самом деле такой, каким кажетесь, то с вами, пожалуй, и приятно будет познакомиться. А сколько вам лет, князь?

— Двадцать шесть.

— Ух! А я думал намного меньше.

— Да, говорят, я молодо выгляжу...

— Два слова-с: имеете вы хотя бы некоторый капитал? Извините, что я так...

— Я ваш вопрос очень ценю и понимаю. Никакого капитала пока я не имею и никаких занятий тоже, а надо бы-с. Дело у меня, правда, есть одно, и я нуждаюсь в совете, но...

— Скажите, на что же вы собираетесь пока жить и какие были ваши планы? — перебил генерал.

— Трудиться как-нибудь хотел.

— О, да вы философ; а впрочем... знаете за собой та-

ланты, способности, которые хлеб дают?

— Нет-с, я думаю, что не имею ни талантов, ни особых способностей; даже наоборот, потому что я больной человек и правильно не учился.

Генерал стал расспрашивать. Князь снова рассказал всё, что было уже рассказано. Остался князь после родителей ещё малым ребёнком, всю жизнь жил и рос в деревне, так как и здоровье его требовало деревенского воздуха. Частые припадки[5] его болезни сделали из него почти идиота (князь так и сказал: идиота). Узнали, что некий профессор Шнейдер имеет заведение в Швейцарии, лечит и от идиотизма, и от сумасшествия, при этом обучает и берётся вообще за духовное развитие. Шнейдер его не вылечил, но очень много помог; наконец, по его собственному желанию и по одному обстоятельству, отправил его теперь в Россию.

Генерал очень удивился.

— И у вас в России никого? — спросил он.

— Теперь никого, но я надеюсь... при том я получил письмо...

— По крайней мере, — перебил генерал, не расслышав о письме, — вы чему-нибудь обучались, и ваша болезнь не помешает вам занять какое-нибудь нетрудное место в какой-нибудь службе?

— О, точно не помешает. Учился же я все четыре года постоянно, хотя и не совсем правильно, и при этом очень много русских книг удалось прочесть.

— Русских книг? Стало быть, грамоту знаете и писать без ошибок можете?

— О, очень могу.

— Прекрасно-с; а почерк[6]?

— А почерк превосходный. Вот в этом у меня, пожалуй, и талант; в этом я просто каллиграф[13]. Дайте мне, я вам сейчас напишу что-нибудь для пробы, — радостно сказал князь.

— Пожалуйста. Ганя, дайте князю бумагу. Что это? — обратился генерал к Гане, который вынул из своего портфеля и подал ему фотографический портрет большого формата: — Ба! Настасья Филипповна! Сама тебе прислала? — оживлённо спрашивал он Ганю.

— Сейчас, когда я был с поздравлением, дала. Вы, Иван Фёдорович, помните, конечно, про сегодняшний вечер?

— Помню, конечно, и буду. Ещё бы, день рождения, двадцать пять лет! Гм... А знаешь, Ганя, приготовься. Афанасию Ивановичу и мне она обещала, что сегодня у себя́ ве́чером ска́жет после́днее сло́во: быть и́ли не быть!

Га́ня вдруг побледне́л немно́го.

— Вспо́мните, Ива́н Фёдорович, — сказа́л Га́ня, — что ведь она́ дала́ мне по́лную свобо́ду реше́ния до тех са́мых пор, пока́ не реши́т сама́ дела́...

— Так ра́зве ты... — испуга́лся вдруг генера́л.

— Я ведь не отка́зываюсь.

— Ещё бы ты-то отказа́лся! — недово́льно проговори́л генера́л. — Тут, брат, де́ло уж не в том, что ты не отка́зываешься, а де́ло в твое́й гото́вности, в удово́льствии, в ра́дости, с кото́рою при́мешь её слова́...

Князь слы́шал весь э́тот разгово́р. Он ко́нчил, подошёл к столу́ и по́дал свой листо́к.

— Так э́то Наста́сья Фили́пповна? — спроси́л он, внима́тельно и любопы́тно погляде́в на портре́т. — Удиви́тельно хороша́! — приба́вил он то́тчас же с жа́ром. На портре́те была́ изображена́ действи́тельно необыкнове́нной красоты́ же́нщина. Она́ была́ сфотографи́рована в просто́м чёрном шёлковом пла́тье; во́лосы бы́ли у́браны про́сто, по-дома́шнему; глаза́ тёмные, глубо́кие, лоб заду́мчивый; выраже́ние лица́ стра́стное[7] и как бы высокоме́рное[8].

— Как Настасья Филипповна? Разве вы уже знаете и Настасью Филипповну? — спросил генерал.

— Да; всего только сутки в России, а уж такую раскрасавицу знаю, — ответил князь и тут же рассказал про свою встречу с Рогожиным.

— Вот ещё новости! — опять забеспокоился генерал. — Тогда же, после серёг, Настасья Филипповна всю историю эту пересказывала. Не вышло бы другой истории какой-нибудь! — заключил генерал задумчиво.

— Как вам показалось, — спросил вдруг у князя Ганя, — Рогожин серьёзный какой-нибудь человек или только так, шутник?

— Не знаю, как вам сказать, — ответил князь, — только мне показалось, что в нём много какой-то больной страсти. Да он и сам ещё как будто больной.

— Послушай, Ганя, — сказал опять генерал. — Ты, пожалуйста, сегодня ей много не противоречь[9] и постарайся быть по душе[12]... Ты понял? Хочешь ты или не хочешь, в самом деле?

— Я хочу, — вполголоса, но твёрдо ответил Ганя, опустил глаза и замолчал.

— Ого! — вскричал генерал, смотря на образец каллиграфии, представленный князем: — Да ведь это пропись[10]! Да и пропись-то редкая! Посмотри-ка, Ганя, каков талант!

На толстом листе князь написал средневековым русским шрифтом фразу: «Смиренный игумен Пафнутий руку приложил».

— Ого! — смеялся генерал. — Да вы, батюшка, не просто каллиграф, вы артист, а? А ведь тут карьера. Вы знаете, князь, к какому лицу мы теперь вам бумаги писать дадим? Да вам прямо можно тридцать пять рублей в месяц положить, с первого шагу. Однако уж половина первого, — закончил он, взглянув на часы. — К делу, князь! Присядьте-ка на минутку; я вам уже го-

ворил, что принимать вас очень часто не в состоянии; но помочь вам немного желаю. Местечко в канцелярии я вам найду, оно потребует аккуратности. В семействе Гаврилы Ардалионыча Иволгина, вот этого самого молодого моего друга, с которым прошу познакомиться, маменька его и сестрица освободили в своей квартире две-три меблированные комнаты и отдают их отлично рекомендованным жильцам, со столом и прислугой. Мою рекомендацию, я уверен, Нина Александровна примет. Плата самая умеренная, и я надеюсь, жалованье ваше скоро будет достаточным. Но так как теперь у вас кошелёк совсем пуст, то сначала позвольте вам предложить вот эти двадцать пять рублей. Ну, так как же вы, князь, довольны или нет?

— Благодарю́ вас, генера́л, вы поступи́ли со мной как чрезвыча́йно до́брый челове́к, тем бо́лее что я да́же и не проси́л. Е́сли уж вы так добры́, то вот у меня́ одно́ де́ло. Я получи́л уведомле́ние[14]...

— Ну, извини́те, — переби́л генера́л, — тепе́рь ни мину́ты бо́лее не име́ю. Сейча́с я скажу́ о вас Лизаве́те[18] Проко́фьевне: е́сли она́ захо́чет приня́ть вас тепе́рь же, то сове́тую воспо́льзоваться слу́чаем и понра́виться; вы же однофами́лец...

Генера́л вы́шел, и князь так и не успе́л рассказа́ть о своём де́ле, о кото́ром начина́л бы́ло чуть ли не в четвёртый раз. Га́ня закури́л папиро́су. Вдруг он подошёл к кня́зю; тот в э́ту мину́ту стоя́л опя́ть над портре́том Наста́сьи Фили́пповны.

— Так вам нра́вится така́я же́нщина, князь? — спроси́л он его́ вдруг.

— Удиви́тельное лицо́! — отве́тил князь, — и я уве́рен, что судьба́ её не из обыкнове́нных. Лицо́ весёлое, а она́ ведь ужа́сно страда́ла, а? Об э́том глаза́ говоря́т. Э́то го́рдое лицо́, ужа́сно го́рдое, и вот не зна́ю, добра́ ли она́?

— А жени́лись бы вы на тако́й же́нщине? — продолжа́л Га́ня.

— Я не могу́ жени́ться ни на ком, я нездоро́в, — сказа́л князь.

— А Рого́жин жени́лся бы? Как вы ду́маете?

— Да что же, жени́лся бы, а че́рез неде́лю, пожа́луй, и заре́зал[15] бы её.

— Ва́ше сия́тельство[16]! Его́ превосходи́тельство[17] про́сят вас пожа́ловать к её превосходи́тельству, — объяви́л слуга́, появля́ясь в дверя́х.

Коммента́рий

1 непреме́нно — обяза́тельно

2 ей-бо́гу — че́стное сло́во

3 я бы́ло поду́мал — я уже́ почти́ поду́мал

4 ста́ло быть = сле́довательно

5 припа́док — внеза́пно повторя́ющееся проявле́ние како́й-н. боле́зни (эпиле́псия)

6 по́черк — мане́ра писа́ть; хара́ктер начерта́ния букв в письме́

7 стра́стный — чу́вственный, о́чень эмоциона́льный

8 высокоме́рный — го́рдый

9 противоре́чить — не соглаша́ться с кем-н.

10 про́пись — образе́ц пра́вильного и краси́вого письма́

11 жа́лованье — за́работная пла́та

12 быть по душе́ (кому́) — понра́виться

13 каллигра́ф — челове́к, кото́рый име́ет о́чень краси́вый по́черк

14 уведомле́ние — сообще́ние

15 заре́зать — уби́ть ножо́м и т. п.

16 ва́ше сия́тельство — этике́тное обраще́ние к кня́зю

17 ва́ше превосходи́тельство — этике́тное обраще́ние к вы́сшим чино́вникам в ца́рской Росси́и; сейча́с — в дипломати́ческом этике́те обраще́ние к президе́нту, мини́стру, губерна́тору

18 Лизаве́та — разгово́рная фо́рма от по́лного и́мени Елизаве́та

Вопро́сы

- Хоте́л ли генера́л знако́миться с кня́зем? Почему́?
- Что удиви́ло генера́ла в поведе́нии Мы́шкина?
- Что но́вого о кня́зе Мы́шкине вы узна́ли из его́ расска́за генера́лу?
- Что ду́мал князь о Наста́сье Фили́пповне? Како́е впечатле́ние она́ произвела́ на него́?
- Ско́лько лет исполня́лось Наста́сье Фили́пповне в э́тот ве́чер?
- Почему́ генера́л и Га́ня жда́ли сего́дняшнего ве́чера?
- Почему́ генера́л дал кня́зю де́нег?
- Смог ли князь рассказа́ть генера́лу всё, что хоте́л?
- О чём Га́ня расспра́шивал кня́зя, когда́ генера́л вы́шел?
- Что сказа́л князь Га́не о любви́ Рого́жина к Наста́сье Фили́пповне?
- Куда́ вы́шел генера́л?

IV

Все три девицы¹ Епанчины были барышни здоровые, цветущие, рослые², с удивительными плечами, с мощною грудью, с сильными, почти как у мужчин, руками, и любили иногда хорошо покушать.

Генеральша и сама не теряла аппетита и обыкновенно в половине первого принимала участие в обильном³ завтраке, похожем почти на обед, вместе с дочерьми. Кроме чая, кофе, сыра, мёда, масла, особых оладий⁴, любимых самой генеральшей, котлет и пр., подавался даже крепкий горячий бульон.

Мы уже сказали, что генерал не торопил дочерей своих замуж. Но старшей дочери, Александре, вдруг исполнилось двадцать пять лет. Почти в то же самое время и Афанасий Иванович Тоцкий, человек высшего света, с высшими связями и необыкновенного богатства, опять захотел жениться. Ему хотелось жениться хорошо; ценитель красоты он был чрезвычайный. Так как с некоторого времени он с генералом Епанчиным был в дружбе, то и спросил его, возможно или нет предположение о его браке[13] с одною из его дочерей? В ответ на это услышал, что старшая, Александра, пожалуй, и не откажется. Это была девушка, хотя и с твёрдым характером, но добрая, разумная и чрезвычайно уживчивая, и однако было одно обстоятельство, из-за которого всё дело могло расстроиться[5].

Этот «случай» (как выражался сам Тоцкий) начался лет восемнадцать назад. Рядом с одним из богатейших поместий[6] Тоцкого жил один бедный помещик. Это был отставной[7] офицер хорошей дворянской фамилии, некто Барашков. Когда его жена умерла, он сошёл с ума и через месяц тоже умер. Две маленькие дочки Барашкова, шести и семи лет, стали воспитываться вместе с детьми управляющего[8] Тоцкого. Вскоре осталась одна только девочка, Настя, а младшая заболела и умерла. Лет через пять Тоцкий приехал в своё поместье и вдруг заметил в деревенском своём доме девочку лет двенадцати, весёлую, милую, умненькую и обещавшую необыкновенную красоту. Он пригласил к девочке опытную гувернантку[9]. Ровно через четыре года гувернантка уехала, а за Настей приехала соседка Тоцкого и взяла Настю с собой. В её небольшом поместье стоял новый красивый деревянный дом. В доме

нашлись музыкальные инструменты, девичья библиотека, картины, карандаши, кисти, краски, удивительная маленькая собачка, а через две недели приехал и сам Афанасий Иванович... С тех пор он заезжал каждое лето, и так прошло года четыре, спокойно и счастливо, со вкусом и красиво.

Однажды дошёл как-то слух до Настасьи Филипповны, что Афанасий Иванович в Петербурге женится на красавице, на богатой, на знатной. Она вдруг обнаружила[10] самый неожиданный характер. Она бросила деревенский домик и вдруг явилась в Петербург, прямо к Тоцкому. Тот изумился[11]: перед ним была совершенно другая женщина, нисколько не похожая на ту, которую он знал.

Эта новая женщина, во-первых, необыкновенно много знала и понимала. Во-вторых, это был совершенно не тот характер, как прежде, то есть не что-то наивное, иногда грустное и задумчивое, иногда плачущее и беспокойное.

Нет: тут громко смеялось пред ним необыкновенное и неожиданное существо, прямо заявившее ему, что никогда оно не имело к нему в своём сердце ничего, кроме глубочайшего презрения[12]. Эта новая женщина объявляла, что ей всё равно будет, если он сейчас же и на ком угодно женится, но что она приехала не позволить ему этот брак и не позволить по злости, просто потому, что ей так хочется.

Афанасий Иванович обдумывал про себя это дело почти две недели. Себя, своё спокойствие и комфорт он любил и ценил более всего на свете. Он решил было ещё прошлой весной в скором времени отлично и с достатком выдать Настасью Филипповну замуж. Но теперь Афанасий Иванович решил поселить Настасью Филипповну в Петербурге и окружить комфортом. Это принесло бы ему пользу.

Прошло уже пять лет петербургской жизни. Токий по́нял, что е́сли бы да́же он и сде́лал предложе́ние Наста́сье Фили́пповне вы́йти за него́ за́муж, то его́ бы не при́няли. Жила́ она́ бо́льше уединённо, чита́ла, да́же учи́лась, люби́ла му́зыку. Знако́мств име́ла ма́ло. В после́днее вре́мя не без труда́ познако́мился с Наста́сьей Фили́пповной генера́л Епанчи́н. Познако́мился, наконе́ц, и Гаври́ла Ардалио́нович... Тут-то и начина́ется тот моме́нт, когда́ То́цкий реши́л жени́ться на до́чери генера́ла Епанчина́.

То́цкий и Епанчи́н прие́хали к Наста́сье Фили́пповне. То́цкий на́чал с того́, что обвини́л себя́ во всём; открове́нно сказа́л, что тепе́рь хо́чет жени́ться и что вся его́ судьба́ в её рука́х. Зате́м генера́л Епанчи́н говори́л, что судьба́ его́ до́чери, а мо́жет быть, и двух други́х дочере́й зави́сит тепе́рь от её же реше́ния. На вопро́с Наста́сьи Фили́пповны «Чего́ и́менно от неё хотя́т?» — То́цкий предложи́л ей вы́йти за́муж за Гаври́лу Ардалио́новича и су́мму в се́мьдесят пять ты́сяч рубле́й.

Отве́т Наста́сьи Фили́пповны удиви́л обо́их друзе́й. Она́ как бу́дто обра́довалась тому́, что мо́жет наконе́ц поговори́ть с кем-нибудь по-дру́жески. Она́ ничего́ не сказа́ла про́тив возмо́жности э́того бра́ка. Она́ понима́ет це́ну деньга́м и, коне́чно, их возьмёт.

Перегово́ры начали́сь. Вся семья́ Га́ни была́ про́тив э́того бра́ка. То́цкий отку́да-то узна́л, что когда́ о́ба дру́га реши́лись купи́ть Га́ню прода́жей ему́ Наста́сьи Фили́пповны в жёны, он возненави́дел её. Изве́стно бы́ло та́кже, что генера́л Епанчи́н пригото́вил ко дню рожде́ния Наста́сьи Фили́пповны от себя́ в пода́рок удиви́тельный дорого́й же́мчуг. Об э́том же́мчуге услы́шала генера́льша Епанчина́. Генера́лу ужа́сно не хоте́лось в то у́тро, с кото́рого мы на́чали расска́з, идти́ за́втракать со свое́й семьёй. И вдруг так кста́ти прие́хал князь.

Коммента́рий

1 деви́ца, ба́рышня — незаму́жняя де́вушка
2 ро́слый — высо́кого ро́ста
3 оби́льный — с больши́м коли́чеством блюд
4 ола́дьи — небольши́е бли́ны, жи́рное блю́до из муки́
5 де́ло могло́ расстро́иться — не осуществи́ться, не реализова́ться
6 поме́стье — земе́льное владе́ние поме́щика
7 отставно́й — уво́ленный с вое́нной слу́жбы
8 управля́ющий — лицо́, веду́щее дела́ како́го-н. хозя́йства
9 гуверна́нтка — же́нщина, кото́рая воспи́тывает чужи́х дете́й
10 обнару́жить — продемонстри́ровать; показа́ть
11 изуми́ться — си́льно удиви́ться

12 презре́ние — неуваже́ние

13 брак — жени́тьба, заму́жество

Вопро́сы

- Кто тако́й Афана́сий Ива́нович То́цкий?
- Почему́ То́цкий взял на воспита́ние Наста́сью Фили́пповну?
- Почему́ Наста́сья Фили́пповна прие́хала в Петербу́рг?
- На ком реши́л жени́ться Афана́сий Ива́нович То́цкий?
- Почему́ То́цкий предложи́л Наста́сье Фили́пповне вы́йти за́муж за Гаври́лу Ардалио́новича?
- Что отве́тила Наста́сья Фили́пповна То́цкому?
- Люби́л ли Га́ня Наста́сью Фили́пповну?
- Почему́ генера́л Епанчи́н не хоте́л идти́ за́втракать со свое́й семьёй?

V

Генера́льша была́ ревни́ва[1] к своему́ происхожде́нию. Каково́ же ей бы́ло услы́шать, что после́дний в ро́де князь Мы́шкин не бо́льше как презре́нный идио́т и почти́ ни́щий.

— Приня́ть? Вы говори́те его́ приня́ть тепе́рь, сейчас? — изумилась генеральша.

— О, на этот раз можно без всякой церемонии², — поспешил разъяснить генерал. — Совершенный ребёнок и даже такой жалкий; припадки у него какие-то болезненные; он только что из Швейцарии, одет странно и денег ни копейки; чуть не плачет. Я ему двадцать пять рублей подарил и хочу ему в канцелярии писарское местечко найти. А вас, дамы, прошу его угостить, потому что он, кажется, и голоден...

— Разумеется, мама, если с ним можно без церемонии; к тому же он с дороги есть хочет, почему не накормить? — сказала старшая Александра. — С ним можно ещё в какую-нибудь игру поиграть.

Средняя, Аделаида, не выдержала и рассмеялась.

— Позовите его, папа, мама позволяет, — решила Аглая.

Генерал позвонил и попросил позвать князя.

— Но обязательно подвязать⁴ ему салфетку на шее, когда он сядет за стол, — решила генеральша. — Спокоен ли он, по крайней мере, в припадках?

— Наоборот, даже очень мило воспитан и с прекрасными манерами. Немного простоват иногда... Да вот он и сам! Вот-с, рекомендую, последний в роде князь

Мышкин, однофамилец и, может быть, даже родственник. Примите, обласкайте. Сейчас будет завтрак, князь. А я уж, извините, опоздал, спешу... Ну, до свидания.

Генерал быстрыми шагами удалился. Лизавета Прокофьевна недовольно перевела глаза на князя.

— Что это? — начала она, что-то вспоминая. — Ах, да... Пойдёмте, князь; вы очень хотите кушать?

— Да, теперь захотел очень и очень вам благодарен.

— Садитесь вот здесь, напротив меня, — сказала она, усаживая князя, когда пришли в столовую. — Я хочу на вас смотреть. Александра, Аделаида, угощайте князя. Не правда ли, что он вовсе не такой... боль-

ной? Вам, князь, подвязывали салфетку за кушаньем?

— Прежде, когда я лет семи был, кажется, подвязывали, а теперь я обыкновенно к себе на колени салфетку кладу, когда ем.

— Так и надо. А припадки?

— Припадки? — удивился немного князь. — Припадки теперь у меня довольно редко бывают. Впрочем, не знаю; говорят, здешний климат мне будет вреден.

— Он хорошо говорит, — заметила генеральша, обращаясь к дочерям, — я даже не ожидала. Стало быть, всё пустяки и неправда. Кушайте, князь, и рассказывайте: где вы родились, где воспитывались? Я хочу всё знать; вы очень меня интересуете.

Князь поблагодарил и, кушая с большим аппетитом, стал снова передавать всё то, о чём ему уже неоднократно приходилось говорить в это утро.

— Пойдёмте все в нашу гостиную, — сказала генеральша, — и кофе туда принесут. Садитесь, князь, сюда, к камину, и рассказывайте, как вам понравилась Швейцария, первое впечатление.

— Первое впечатление было очень сильное. Когда меня увозили из России, я только молча смотрел. Это было после ряда сильных припадков моей болезни, а я всегда, если болезнь усиливалась и припадки повторялись несколько раз, терял совершенно память. Когда же припадки утихали, я опять становился и здоров и силён, вот как теперь. Помню: грусть во мне была ужасная; мне даже хотелось плакать. Но вечером в Базеле, при въезде в Швейцарию, меня разбудил крик осла на городском рынке. Осёл ужасно поразил меня и почему-то мне понравился.

— Осёл? Это странно, — заметила генеральша. — А впрочем, ничего нет странного, иная из нас в осла ещё влюбится, — заметила она, зло посмотрев на смеявшихся девиц.

— С тех пор я ужасно люблю ослов. Я стал о них расспрашивать и тотчас же сам убедился, что это очень полезное животное, сильное, терпеливое; и мне вдруг вся Швейцария стала нравиться, так что совсем прошла прежняя грусть.

— Об осле можно и не говорить больше; перейдёмте на другую тему. Чего ты всё смеёшься, Аглая? И ты, Аделаида? Князь прекрасно рассказал об осле. Вы их извините, князь, они добрые. Просто они ветрены[5] и легкомысленны, сумасшедшие.

— Почему́ же? — смеялся князь. — И я бы так

сде́лал на их ме́сте в э́том слу́чае.

— А вы до́брый, князь? Я из любопы́тства спра́шиваю, — спроси́ла генера́льша.

Все опя́ть засмея́лись. И князь смея́лся не перестава́я.

— Э́то о́чень хорошо́, что вы смеётесь. Я ви́жу, что вы добре́йший молодо́й челове́к, — сказа́ла генера́льша.

— Иногда́ недо́брый, — отве́тил князь.

— Князь, продолжа́йте. Ну, что вы, кро́ме осла́, за грани́цей ви́дели?

— Да и об осле́ бы́ло умно́, — заме́тила Алекса́ндра: — князь рассказа́л о́чень интере́сно свой боле́зненный случай. Мне всегда было интересно, как люди сходят с ума и потом опять выздоравливают. Особенно, если это вдруг сделается.

— Не правда ли? — спросила генеральша. — Вы остановились, кажется, на швейцарской природе, князь, ну!

— Мы приехали в Люцерн, и меня повезли по озеру. Я чувствовал, как оно хорошо, но мне всегда тяжело и беспокойно смотреть на такую природу в первый раз; и хорошо, и беспокойно.

— Я бы очень хотела посмотреть, — сказала Аделаида. — Я вот сюжета для картины два года найти не могу. Найдите мне, князь, сюжет для картины.

— Я в этом ничего не понимаю. Мне кажется: взглянуть и писать.

— Взглянуть не умею.

— Я там только здоровье улучшал; не знаю, научился ли я глядеть. Я, впрочем, почти всё время был очень счастлив.

— Счастлив! Вы умеете быть счастливым? — закричала Аглая. — Так как же вы говорите, что не научились глядеть? Ещё нас научите.

— Научите, пожалуйста, — смеялась Аделаида.

— Ничему́ не могу́ научи́ть, — смея́лся и князь, — я всё почти́ вре́мя за грани́цей про́жил в швейца́рской дере́вне. Снача́ла мне бы́ло не ску́чно; я стал ско́ро выздора́вливать; пото́м мне ка́ждый день станови́лся до́рог, и чем да́льше, тем доро́же, так что я стал э́то замеча́ть. Ложи́лся спать я о́чень дово́льный, а встава́л ещё счастли́вее. А почему́ э́то всё — дово́льно тру́дно рассказа́ть.

Снача́ла я всё ду́мал, как бу́ду жить. Но я вам лу́чше расскажу́ про мою́ встре́чу про́шлого го́да с одни́м челове́ком. Э́тот челове́к был вме́сте с други́ми приговорён[9] к сме́ртной ка́зни за полити́ческое преступле́ние. Мину́т че́рез два́дцать прочтено́ бы́ло и поми́ло-

вание[7], и назначена другая степень наказания; но интервал между двумя приговорами, двадцать минут, он прожил под твёрдым убеждением, что через несколько минут умрёт. В центре площади стояли три столба. Их троих повели к столбам, привязали, надели на них смертный костюм. Против каждого столба выстроилась команда из нескольких солдат. Священник обошёл всех с крестом. Выходило, что остаётся жить минут пять, не больше. Он говорил, что эти пять минут казались ему бесконечным сроком, огромным богатством; ему казалось, что в эти пять минут он проживёт столько жизней, что ещё сейчас нечего и думать о последнем мгновении. Он рассчитал время, чтобы проститься с товарищами, на это дал минуты две, потом две минуты ещё оставил, чтобы подумать в последний раз про себя, а потом чтобы в последний раз кругом поглядеть. Он умирал двадцати семи лет, здоровый и сильный; прощаясь с товарищами, он помнил, что одному из них задал вопрос и даже очень заинтересовался ответом. Потом, когда он простился с товарищами, настали те две минуты, которые он отсчитал, чтобы думать про себя; ему всё хотелось представить себе, что вот как же это так: он теперь есть и живёт, а через три минуты будет уже нечто, кто-то или что-то, — так кто же? Где же? Всё это он думал в эти две минуты решить! Невдалеке была церковь, и вершина собора с позолоченной крышей сверкала на ярком солнце. Ничего не было для него в это время тяжелее, как беспрерывная мысль: «Что если бы не умирать! Что если бы вернуть жизнь, — какая бесконечность! всё это было бы моё! Я бы тогда каждую минуту в целый век превратил, ничего бы не потерял, каждую бы минуту считал бы, уж ничего бы даром не истратил!»

Князь вдруг замолчал; все ждали, что он будет продолжать и сделает заключение.

— Вы кончили? — спросила Аглая.

— Что? Кончил, — сказал князь, выходя из минутной задумчивости.

— Да для чего же вы про это рассказали?

— Так... мне вспомнилось... я к разговору...

— Вы, князь, — заметила Александра, — хотели сказать, что ни одного мгновения на копейки ценить нельзя, и иногда пять минут дороже сокровища[8]. Всё это хорошо, но как же этот приятель, который вам такие страсти рассказывал... ведь ему переменили же наказание, стало быть, подарили же эту «бесконечную жизнь». Ну, что же он с э́тим бога́тством сде́лал пото́м? Жил ли он, счита́я ка́ждую мину́ту?

— О, нет, во́все не так жил и мно́го, мно́го мину́т потеря́л.

— Ну, вот вам и о́пыт, и нельзя́ так жить, счита́я ка́ждую мину́ту.

— Да, мне самому́ э́то каза́лось... А всё-таки, как-то не ве́рится...

— То есть вы ду́маете, что умне́е всех проживёте? — сказа́ла Агла́я.

— Да, мне и э́то иногда́ ду́малось.

— И ду́мается?

— И ду́мается, — отвеча́л князь, по-пре́жнему с ти́хою улы́бкой; но то́тчас же рассмея́лся опя́ть и ве́село посмотре́л на Агла́ю.

— Скро́мно! — сказа́ла Агла́я почти́ зло.

— А каки́е, одна́ко же, вы сме́лые, вот вы смеётесь, а меня́ так всё э́то порази́ло в его́ расска́зе, что я пото́м во сне ви́дел, и́менно э́ти пять мину́т ви́дел...

Он внима́тельно и серьёзно ещё раз обвёл глаза́ми свои́х слу́шательниц.

— Вы не се́рдитесь на меня́ за что́-нибудь? — спроси́л он вдруг.

— За что? — закричали все три девицы с удивлением.

— Да вот, что я всё как будто учу...

Все засмеялись.

— Если сердитесь, то не сердитесь, — сказал он. — Я, может быть, иногда очень странно говорю...

И он застенчиво улыбнулся.

— Если говорите, что были счастливы, значит, жили не меньше, а больше; зачем же вы извиняетесь? — строго начала Аглая. — А жаль, князь, что вы смертной казни не видели, я бы вас об одном спросила.

— Я видел смертную казнь, — отвечал князь.

— Видели? — вскричала Аглая. — Я бы должна была догадаться! Если видели, как же вы говорите, что всё время счастливо прожили?

— А разве в вашей деревне казнят? — спросила Аделаида.

— Я в Лионе видел. Как приехал, так и попал.

— Что же, вам очень понравилось? Много поучительного? Полезного? — спрашивала Аглая.

— Мне это вовсе не понравилось, и я после того немного болен был, но признаюсь, что глаз оторвать не мог.

— Я бы тоже глаз оторвать не могла, — сказала Аглая.

— Расскажите про смертную казнь, — перебила Аделаида.

— Мне бы очень не хотелось теперь... — смутился князь.

— Вам точно жалко нам рассказывать, — сказала Аглая.

— Нет, я потому, что я уже про эту самую смертную казнь раньше рассказывал.

— Кому рассказывали?

— Вашему слуге, когда дожидался...

— Какому слуге? — раздалось со всех сторон.

— А вот что в передней сидит.

— Князь — демократ, — сказала Аглая. — Ну, если Алексею рассказывали, нам уж не можете отказать.

— Я обязательно хочу слышать, — повторила Аделаида.

— Раньше, действительно, — обратился к ней князь,— у меня мысль была, когда вы у меня сюжет для картины спрашивали, дать вам сюжет: нарисовать лицо приговорённого за минуту до смерти.

— Как же это лицо нарисовать? Какое же это лицо?

— Это ровно за минуту до смерти, — с полною готовностью начал князь, — тот самый момент, когда он поднялся на лесенку. Тут он взглянул в мою сторону; я поглядел на его лицо и всё понял... Знаете, тут нужно всё представить, что было до того, всё, всё. Он жил в тюрьме и ждал казни, — по крайней мере ещё через неделю. А тут вдруг по какому-то случаю дело было сокращено. В пять часов утра он спал. Это было в конце октября; в пять часов ещё холодно и темно. Вошёл тюремщик тихонько и осторожно тронул его за плечо: «В десятом часу смертная казнь». Он со сна не поверил, но когда совсем очнулся, сказал: «Всё-таки тяжело так вдруг...» Мне кажется, он думал дорогой: «Ещё долго, ещё жить три улицы остаётся!» Кругом народ, крик, шум, — всё это надо перенести, а главное, мысль: «Вот их десять тысяч, а их никого не казнят, а меня-то казнят!» К месту казни ведёт лесенка; тут он перед лесенкой вдруг заплакал, а это был сильный и мужественный человек, большой злодей, говорят, был. Наконец стал всходить на лесенку; ноги перевязаны и потому движутся шагами мелкими. Внизу лесенки он был очень бледен, а как поднялся, стал вдруг белый как бумага. Вот тут-то священник поскорей ему

крест к самым губам стал подставлять, маленький такой крест, серебряный, четырёхконечный, — часто подставлял, поминутно. В эти самые последние секунды голова интенсивно работает до самой последней четверти секунды, когда уже голова лежит и ждёт над собой звон железа. Я бы, если бы лежал, нарочно слушал и услышал! Нарисуйте так, чтобы видна была одна только последняя ступень лесенки; преступник встал на неё: голова, лицо бледное как бумага, священник протягивает крест, тот с жадностью протягивает свои синие губы и глядит, и — всё знает. Крест и голова, вот картина, лицо священника, палача[10], его двух помощников и несколько голов и глаз снизу, — всё это мо́жно нарисова́ть как бы на тре́тьем пла́не, в тума́не, для дета́ли... Вот кака́я карти́на.

Князь замолча́л и погляде́л на всех.

— Ну, тепе́рь расскажи́те, как вы бы́ли влюблены́, — сказа́ла Аделаи́да.

Князь с удивле́нием посмотре́л на неё.

— Вы как начнёте расска́зывать, перестаёте быть филосо́фом. Расска́зывайте же.

— Я не был влюблён, — отвеча́л князь так же ти́хо и серьёзно, — я... был сча́стлив ина́че.

— Как же, чем же?

— Хорошо́, я вам расскажу́, — проговори́л князь как бы в глубо́ком разду́мье.

Коммента́рий

1 ревни́вый — здесь: о́чень внима́тельный

2 без вся́кой церемо́нии — про́сто

3 разуме́ется — коне́чно

4 подвя́зывать — завя́зывать на ше́е

5 ве́треный — легкомы́сленный

6 взгляну́ть — посмотре́ть

7 поми́лование — реше́ние об отме́не наказа́ния

8 сокро́вище — та́йное бога́тство

9 приговорённый — престу́пник, кото́рый получи́л пригово́р, реше́ние суда́ о наказа́нии

Вопросы

- Была́ ли генера́льша ра́да визи́ту ро́дственника?
- Измени́лось ли мне́ние генера́льши о кня́зе по́сле разгово́ра с ним?
- Что рассказа́л князь о свое́й жи́зни за грани́цей?
- Каку́ю карти́ну князь предложи́л написа́ть Аделаи́де?
- Что рассказа́л князь о свое́й встре́че с одни́м челове́ком?
- Когда́ лю́ди начина́ют цени́ть ка́ждую мину́ту свое́й жи́зни?
- Почему́ на кня́зя тако́е си́льное впечатле́ние произвела́ сме́ртная казнь?
- О чём ду́мал приговорённый к сме́ртной ка́зни за мину́ту до сме́рти?

VI

— Я всё вре́мя был там с одни́ми детьми́. Э́то бы́ли де́ти той дере́вни, кото́рые учи́лись в шко́ле. Все мои́ четы́ре го́да так и прошли́. Я им всё говори́л, ничего́ от них не скрыва́л. От дете́й ничего́ не на́до скрыва́ть⁴ под предло́гом¹, что они́ ма́ленькие и что им ра́но знать.

Через детей душа лечится...

Дети сначала меня не полюбили. Я был такой большой, я всегда такой мешковатый[2]; я знаю, что я и собой дурён[3]... наконец и то, что я был иностранец. Дети надо мной сначала смеялись, потом после одной истории мы подружились. А потом пастор и школьный учитель запретили детям даже встречаться со мной, а доктор Шнейдер обязался смотреть за этим. Впоследствии всё это уладилось, но тогда было очень хорошо: я даже ещё ближе сошёлся с детьми из-за этого. А Шнейдер много мне говорил и спорил со мной о моей вредной «системе» с детьми. Какая у меня система! Наконец, Шнейдер мне высказал одну очень странную свою мысль, — это уж было перед самым моим отъездом, — он сказал мне, что он вполне убедился, что я сам совершенный ребёнок, что я только ростом и лицом похож на взрослого, но что развитием, душой, характером и, может быть, даже умом я не взрослый, и так и останусь, хотя бы я до шестидесяти лет прожил. Я очень смеялся: он, конечно, неправ, потому что какой же я маленький? Но одно только правда: я и в самом деле не люблю быть со взрослыми, с людьми, с большими, — и это я давно заметил, — не люблю, потому́ что не уме́ю. Что бы они́ ни говори́ли со мной, как бы добры́ ко мне ни́ бы́ли, всё-таки с ни́ми мне всегда́ тяжело́ почему́-то, и я ужа́сно рад, когда́ могу́ уйти́ поскоре́е к това́рищам, а това́рищи мои́ всегда́ бы́ли де́ти, но не потому́ что я сам был ребёнок, а потому́ что меня́ про́сто тяну́ло к де́тям. Когда́ я, ещё в нача́ле мое́й жи́зни в дере́вне, — вот когда́ я уходи́л тоскова́ть оди́н в го́ры, — их выпуска́ли из шко́лы, всю э́ту толпу́ шу́мную, бегу́щую с их узелка́ми, с кри́ком, со сме́хом, с и́грами, то вся душа́ моя́ начина́ла вдруг стреми́ться к ним. Не зна́ю, но я стал ощуща́ть како́е-то чрезвыча́йно си́льное и счастли́вое ощуще́ние при ка́ждой встре́че с ни́ми. Я остана́вливался и смея́лся от сча́стья, гля́дя на их ма́ленькие, ве́чно бегу́щие но́жки, на ма́льчиков и де́вочек, бегу́щих вме́сте, на смех и слёзы, и я забыва́л тогда́ всю мою́ тоску́.

Когда́ я уже́ отправля́лся в доро́гу сюда́, они́ все, всей толпо́й, провожа́ли меня́ до ста́нции. А когда́ я в Берли́не получи́л отту́да не́сколько ма́леньких пи́сем, кото́рые де́ти уже́ успе́ли мне написа́ть, то тут то́лько я и по́нял, как их люби́л. Послу́шайте, когда́ я вошёл сюда́ и посмотре́л на ва́ши ми́лые ли́ца, — я тепе́рь о́чень всма́триваюсь в ли́ца, — и услы́шал ва́ши первые слова́, то у меня́, в пе́рвый раз с того́ вре́мени, ста́ло на душе́ легко́.

Что я заме́тил в ва́ших ли́цах? Я вам с больши́м удово́льствием э́то скажу́. У вас, Аделаи́да Ива́новна, счастли́вое лицо́, из всех трёх лиц са́мое симпати́чное. Кро́ме того́, что вы о́чень хороши́ собо́й, на вас смо́тришь и говори́шь: «У неё лицо́, как у до́брой сестры́». У вас, Алекса́ндра Ива́новна, лицо́ то́же прекра́сное и о́чень ми́лое, но, мо́жет быть, у вас есть кака́я-нибудь та́йная грусть. Но про ва́ше лицо́, Лизаве́та Проко́фьевна, — обрати́лся он вдруг к генера́льше, — про ва́ше лицо́ уж мне не то́лько ка́жется, а я про́сто уве́рен, что вы соверше́нный ребёнок, во всём хоро́шем и во всём дурно́м, несмотря́ на то, что вы в таки́х лета́х. Вы ведь на меня́ не се́рдитесь?

Когда́ князь замолча́л, все на него́ смотре́ли ве́село, да́же и Агла́я, но осо́бенно Лизаве́та Проко́фьевна.

— Вот и проэкзаменова́ли! — закрича́ла она́. — Но то́лько что ж вы, князь, про Агла́ю ничего́ не сказа́ли?

— Я ничего́ не могу́ сейча́с сказа́ть; я скажу́ пото́м.

— Почему́? Ка́жется, заме́тна?

— О да, вы чрезвыча́йная краса́вица, Агла́я Ива́новна. Вы так хороши́, что на вас бои́шься смотре́ть.

Красоту́ тру́дно суди́ть; я ещё не пригото́вился. Красота́ — зага́дка.

— Э́то зна́чит, что вы Агла́е загада́ли зага́дку, — сказа́ла Аделаи́да. — Разгада́й-ка, Агла́я. А хороша́ она́, князь, хороша́?

— Чрезвыча́йно! — с жа́ром отве́тил князь. — Почти́ как Наста́сья Фили́пповна, хотя́ лицо́ совсе́м друго́е!..

Все перегляну́лись в удивле́нии.

— Как кто-о-о? — протяну́ла генера́льша. — Как Наста́сья Фили́пповна? Где вы ви́дели Наста́сью Фили́пповну? Кака́я Наста́сья Фили́пповна?

— Гаври́ла Ардалио́нович Ива́ну Фёдоровичу портре́т пока́зывал. Наста́сья Фили́пповна подари́ла сего́дня Гаври́ле Ардалио́новичу свой портре́т, а тот принёс показа́ть.

— Я хочу́ ви́деть! — закрича́ла генера́льша. — Пожа́луйста, князь, сходи́те в кабине́т, возьми́те у него́ портре́т и принеси́те сюда́. Скажи́те, что посмотре́ть. Пожа́луйста.

Князь попроси́л у Га́ни портре́т и вы́шел из кабине́та, пото́м вдруг останови́лся, подошёл к окну́ и стал гляде́ть на портре́т Наста́сьи Фили́пповны.

Это необыкновенное по своей красоте и ещё по чему-то лицо ещё сильнее поразило его теперь. Как будто гордость и презрение, почти ненависть, были в этом лице, и в то же самое время что-то доверчивое, что-то удивительно простодушное; эти два контраста вызывали даже какое-то сострадание⁶. Князь смотрел с минуту, огляделся кругом, поспешно приблизил портрет к губам и поцеловал его. Когда через минуту он вошёл в гостиную, лицо его было совершенно спокойно.

Генеральша молча рассматривала портрет Настасьи Филипповны.

— Да, хороша, — проговорила она наконец, — очень даже. Так вы такую-то красоту цените? — обратилась она вдруг к князю.

— Да... такую... — отвечал князь с усилием.

— За что?

— В этом лице... страдания много...

— Вам, может быть, так кажется, — решила генеральша. Александра взяла портрет, к ней подошла Аделаида.

— Этакая сила! — горячо сказала Аделаида. — С такой красотой можно мир изменить!

Аглая взглянула на портрет только мельком[5].

Генеральша позвонила.

— Позвать сюда Гаврилу Ардалионовича, — приказала она вошедшему слуге. Она была раздражена.

— А!.. — сказала она, увидев входящего Ганю. — Здравствуйте! Вы вступаете в брак?

— В брак?.. В какой брак?.. — спросил испуганный Гаврила Ардалионович. — Н-нет... я... н-нет. — Аглая холодно смотрела на него.

— Нет? Вы сказали: нет? — настойчиво допрашивала Лизавета Прокофьевна. — Довольно, я буду помнить. Прощайте, у вас много занятий, а мне пора ехать. До свидания, князь-голубчик[7]! Заходи почаще. Александра, зайди ко мне.

Генеральша вышла. Ганя злобно взял со стола портрёт.

— Князь, я сейчас домой. Если вы не изменили желание жить у нас, то я вас доведу, а то вы и адреса не знаете.

— Постойте, князь, — сказала Аглая, — вы мне ещё в альбоме напишете. Папа сказал, что вы каллиграф. Я вам сейчас принесу...

И она вышла.

— Это вы разболтали[8] им, что я женюсь? — крикнул Ганя.

— Уверяю вас, что вы ошибаетесь, — спокойно и вежливо отвечал князь, — я и не знал, что вы женитесь.

— Вы слы́шали ра́ньше, как Ива́н Фёдорович говори́л, что сего́дня ве́чером всё реши́тся у Наста́сьи Фили́пповны, вы э́то и пе́редали! Кто же мог им переда́ть, кро́ме вас?

— Вам лу́чше знать, кто пе́редал, я ни сло́ва про э́то не говори́л.

Пришла́ Агла́я.

— Вот, князь, — сказа́ла Агла́я, положи́в на сто́лик свой альбо́м, — вы́берите страни́цу и напиши́те мне что-нибудь.

— Что же мне написа́ть? — спроси́л князь.

— А я вам сейча́с продикту́ю, — сказа́ла Агла́я. — Пиши́те же: «Я в торги́ не вступа́ю⁹». Покажи́те. Превосхо́дно! Благодарю́ вас. До свида́ния, князь...

— Я сейча́с, то́лько мой узело́к возьму́, — сказа́л князь Га́не, — и мы вы́йдем.

Наконе́ц о́ба вы́шли на у́лицу.

Коммента́рий

1 под предло́гом — предлага́я приду́манную причи́ну вме́сто настоя́щей

2 мешкова́тый — с неспорти́вной фигу́рой

3 дурён собо́й — некраси́в

4 скрыва́ть — пря́тать

5 ме́льком — о́чень бы́стро, не остана́вливая взгляд

6 сострада́ние — жа́лость, сочу́вствие к друго́му челове́ку

7 голу́бчик — ла́сковое обраще́ние

8 разболта́ть — гру́бо: проговори́ться, вы́дать та́йну

9 в торги́ не вступа́ю — не торгу́юсь, не обсужда́ю це́ну

Вопро́сы

- Когда́ князь быва́л сча́стлив?
- Почему́ де́ти люби́ли кня́зя?
- Что сказа́л князь о дочеря́х генера́ла Епанчина́?
- Что ду́мает князь о Лизаве́те Проко́фьевне?
- Что порази́ло кня́зя в портре́те Наста́сьи Фили́пповны?
- Что ду́мает князь Мы́шкин о красоте́?
- Како́е впечатле́ние оста́вил на вас князь Мы́шкин по́сле расска́зов за за́втраком?
- Что написа́л князь в альбо́ме Агла́и?
- Что сказа́л Га́ня кня́зю?
- Куда́ князь и Га́ня пошли́ по́сле за́втрака с семьёй Епанчины́х?
- Красота́ — зага́дка. с тако́й красото́й мо́жно мир измени́ть… Кто э́то сказа́л? Согла́сны ли вы с э́тими слова́ми?

VII

Га́нечкина кварти́ра находи́лась на тре́тьем этаже́, предназнача́лась для сда́чи внаём и занята́ была́ Га́ней и его́ семе́йством не бо́лее двух ме́сяцев тому́ наза́д.

Кварти́ру разделя́л коридо́р. С одно́й стороны́ коридо́ра находи́лись три ко́мнаты, кото́рые сдава́лись жильца́м; в са́мом конце́ его́, у ку́хни, находи́лась четвёртая ко́мнатка, кото́рую занима́ли отставно́й генера́л Иволгин, оте́ц семе́йства, и тринадцатиле́тний брат Гаври́лы Ардалио́новича, гимнази́ст Ко́ля. Кня́зю да́ли сре́днюю из трёх ко́мнат.

Вдруг в ко́мнату вошёл сам генера́л.

— Он! — проговори́л он ти́хо, но торже́ственно. — Как живо́й! Слы́шу, повторя́ют знако́мое и дорого́е и́мя, и вспо́мнил уше́дшее про́шлое... Князь Мы́шкин?

— То́чно так-с.

— Генера́л Иволгин, отставно́й и несча́стный. Ва́ше и́мя и о́тчество, сме́ю спроси́ть?

— Лев Никола́евич.

— Так, так! Сын моего́ дру́га, мо́жно сказа́ть, това́рища де́тства, Никола́я Петро́вича?

— Моего́ отца́ зва́ли Никола́ем Льво́вичем.

— Льво́вич, — попра́вился генера́л. — Я вас на рука́х носи́л.

— Неуже́ли? — спроси́л князь. — Мой оте́ц уж два́дцать лет как у́мер.

— Да; два́дцать лет; два́дцать лет и три ме́сяца. Вме́сте учи́лись; я пря́мо в вое́нные...

— Да и оте́ц был вое́нным.

— Ва́ша ма́тушка...

Генера́л приостанови́лся как бы от гру́стного воспомина́ния.

— Да и она́ то́же полго́да спустя́ пото́м умерла́ от просту́ды, — сказа́л князь.

— Не от простуды, поверьте старику. Я тут был, я и её хоронил. С горя по своему князю, а не от простуды. Да-с, помню я и княгиню! Молодость! Из-за неё мы с князем чуть не убили друг друга.

Князь начинал слушать с некоторой недоверчивостью.

— Я страстно влюблён был в вашу матушку, ещё когда она в невестах была, — невестой друга моего. Князь заметил. Приходит ко мне утром в седьмом часу, будит. Одеваюсь с изумлением; молчание с обеих сторон; я всё понял. Вынимает из кармана два пистолета. Без свидетелей. Зарядили¹, приложили пистолеты одновременно к сердцам и глядим друг другу в лицо. Вдруг слёзы у обоих из глаз, дрогнули руки. Князь кричит: твоя, я кричу: твоя! Одним словом... одним словом... вы к нам... жить?

— Да, на некоторое время, быть может, — проговорил князь.

— Князь, мамаша⁵ вас к себе просит, — крикнул заглянувший в дверь мальчик. Князь привстал было идти, но генерал положил ладонь на его плечо.

— Как настоящий друг отца вашего, желаю предупредить, — сказал генерал, — я, вы видите сами, пострадал по трагической катастрофе. По обстоятельствам сдаём квартиру. Мне, которому надо было быть генерал-губернатором!.. Но вам мы рады всегда. А между тем у меня в доме трагедия!

Князь смотрел вопросительно и с большим любопытством.

— Готовится брак двусмысленной женщины и молодого человека, который мог бы быть при дворе[6]. Эту женщину введут в дом, где моя дочь и где моя жена! Но пока я дышу, она не войдёт!

— Князь, пожалуйста, зайдите ко мне в гостиную, — позвала Нина Александровна, сама уже появившаяся у дверей.

— Подумай, друг мой, — закричал генерал, — оказывается, я-то носил князя на руках моих!

Нина Александровна укорительно[2] глянула на генерала и с любопытством на князя, но не сказала ни слова. Князь пошёл за ней; но только они пришли и сели, как генерал вдруг вошёл сам в гостиную.

— Сын моего друга! — закричал он, обращаясь к Нине Александровне. — Но, друг мой, неужели ты не помнишь покойного Николая Львовича?

— Папаша, вам обедать приготовили, — сказала

Варва́ра Ардалио́новна, входя́ в ко́мнату.

— А, э́то прекра́сно! Я таки́ проголода́лся... Но слу́чай, мо́жно сказа́ть, да́же психологи́ческий...

— Суп опя́ть остынет, — с нетерпе́нием сказа́ла Ва́ря.

— Сейча́с, сейча́с, — бормота́л генера́л, выходя́ из ко́мнаты.

— Вы должны́ мно́гое извини́ть Ардалио́ну Алекса́ндровичу, — сказа́ла Ни́на Алекса́ндровна кня́зю. — Согласи́тесь са́ми, у вся́кого есть свои́ недоста́тки и свои́... осо́бенные черты́. Об одно́м бу́ду проси́ть: е́сли мой муж обрати́тся к вам по по́воду упла́ты за кварти́ру, скажи́те ему́, что о́тдали мне... Что э́то, Ва́ря?

Ва́ря верну́лась в ко́мнату и мо́лча подала́ ма́тери портре́т Наста́сьи Фили́пповны. Ни́на Алекса́ндровна вздро́гнула и снача́ла как бы с испу́гом, а пото́м с го́рьким ощуще́нием рассма́тривала его́. Наконе́ц, вопроси́тельно погляде́ла на Ва́рю.

— Ему́ сего́дня пода́рок от неё само́й, — сказа́ла Ва́ря, — а ве́чером у них всё реша́ется.

— Сего́дня ве́чером! — в отча́янии[3] повтори́ла вполго́лоса Ни́на Алекса́ндровна. — Тут сомне́ний уж нет никаки́х, и наде́жд то́же не остаётся.

Вошёл Ганя, Нина Александровна тотчас замолчала. Портрет Настасьи Филипповны лежал на самом видном месте. Ганя, увидев его, взял и бросил на свой письменный стол.

— Сегодня, Ганя? — спросила вдруг Нина Александровна.

— Что сегодня? — спросил было Ганя и вдруг посмотрел на князя. — А, понимаю, вы уж и тут!.. Да что у вас, наконец, болезнь это, что ли, какая?

— Если всё кончено, — сказала Нина Александровна, — не злись, пожалуйста, Ганя, я вполне смирилась.

Ганя был удивлён, но осторожно молчал. Нина

Александровна с грустной улыбкой прибавила:

— Ты всё ещё сомневаешься и не веришь мне; не беспокойся, не будет ни слёз, ни просьб. Всё моё желание в том, чтобы ты был счастлив. Конечно, я отвечаю только за себя; ты не можешь того же требовать от сестры...

— Я сказала, что если она сюда войдёт, то я отсюда уйду, и тоже слово сдержу, — сказала Варя.

— Из упрямства! — закричал Ганя. — Из упрямства и замуж не выходишь! Хоть сейчас исполняйте ваше намерение. Надоели вы мне уж очень. Как! Вы решаетесь, наконец, нас оставить, князь! — воскликнул он князю, увидав, что тот встаёт с места.

Князь вышел молча. Вдруг он услышал за дверьми стук. Князь открыл дверь и — остановился в изумлении, весь даже вздрогнул: пред ним стояла Настасья Филипповна. Она быстро прошла в прихожую, толкнула его с дороги плечом и зло сказала:

— Если лень колокольчик поправить, так в прихожей бы сидел, когда стучатся. Ну, вот теперь шубу уронил!

Шуба действительно лежала на полу; Настасья Филипповна сбросила её сама не глядя, но князь не успел принять.

— Иди, доложи[7].

Князь хотел было что-то сказать, но до того растерялся, что с шубой пошёл в гостиную.

— Ну, вот теперь с шубой идёт! Шубу-то зачем несёшь? Ха, ха, ха! Да ты сумасшедший, что ли? Ну, куда ты идёшь? Ну, кого ты будешь докладывать?

— Настасью Филипповну, — пробормотал князь.

— Откуда ты меня знаешь? — быстро спросила она его. — Я тебя никогда не видала! Иди, докладывай... Что там за крик?

— Бранятся[4], — ответил князь и пошёл в гостиную. Он вошёл и объявил:

— Настасья Филипповна!

Комментарий

1 зарядить — вложить патрон во что-н. (напр., в пистолет)

2 укорительно — с осуждением, укором, неодобрительно

3 отчаяние — безнадёжность

4 браниться — ругаться

5 мамаша, папаша — обращение к родителям (устар.)

6 при дворе — во дворце императора

7 доложить — официально сообщить занимающему более высокое положение

Вопросы

- Из кого состояла семья Иволгиных?
- Что рассказал князю генерал Иволгин?

- Был ли Иволгин на самом деле другом Николая Львовича Мышкина?
- О чём попросила князя Нина Александровна? Как вы думаете, почему?
- Как в семье Гани относились к его женитьбе на Настасье Филипповне (отец, мать, сестра)?
- Кто пришёл к Иволгиным в дом?
- Почему Настасья Филипповна обращалась к князю на «ты»?

VIII

Приезд Настасьи Филипповны был неожиданностью. До сих пор она держала себя до того высокомерно, что и желания не выражала познакомиться с его родными. Ганя знал, что ей известно всё, что происходит у него дома по поводу его женитьбы и каким взглядом смотрят на неё его родные.

Настасья Филипповна появилась в дверях гостиной сама и опять, входя в комнату, слегка оттолкнула князя.

— Наконец-то удалось войти... — весело проговорила она. — Ганечка, что это у вас такое странное лицо? Познако́мьте же меня́, пожа́луйста…

Га́ня отрекомендова́л её снача́ла Ва́ре, и о́бе же́нщины обменя́лись стра́нными взгля́дами. То́лько Ни́на Алекса́ндровна успе́ла нача́ть о своём «осо́бенном удово́льствии», как Наста́сья Фили́пповна, не дослу́шав её, бы́стро обрати́лась к Га́не:

— Где же ваш кабине́т? И… где жильцы́? Ведь вы жильцо́в соде́ржите? Где же тут держа́ть жильцо́в? А вы́годно э́то? — обрати́лась она́ вдруг к Ни́не Алекса́ндровне.

— Беспоко́йно немно́го, — отвеча́ла та.

Но Наста́сья Фили́пповна опя́ть уже́ не слу́шала: она́ гляде́ла на Га́ню, смея́лась и крича́ла ему́:

— Что у вас за лицо́? О, бо́же мой, како́е у вас в э́ту мину́ту лицо́!

Князь чуть не в испу́ге шагну́л вперёд.

— Вы́пейте воды́, — прошепта́л он Га́не. — И не гляди́те так…

— Да что вы, князь, до́ктор, что ли? — воскли́кнул Га́ня по возмо́жности веселе́е и простоду́шнее. — Наста́сья Фили́пповна, мо́жно рекомендова́ть вам, э́то князь Мы́шкин.

Наста́сья Фили́пповна с удивле́нием смотре́ла на

князя.

— Князь? Он князь? А я в прихожей приняла его за слугу и сюда докладывать послала! Ха, ха, ха! Да чуть ли ещё не ругала вас, князь. Простите, пожалуйста.

— Скажите, почему же вы ничего не сказали мне тогда, когда я так ужасно... в вас ошиблась? — продолжала Настасья Филипповна, рассматривая князя с ног до головы.

— Я удивился, увидев вас так вдруг... — пробормотал было князь.

— А как вы узнали, что это я? Где вы меня видели раньше?

— Раньше меня ваш портрет поразил очень. Потом я с Епанчиными про вас говорил... а рано утром, на железной дороге, рассказывал мне много про вас Парфён Рогожин... И в ту самую минуту, как я вам дверь открыл, я о вас тоже думал, а тут вдруг и вы.

— А как же вы меня узнали?

— По портрету и... ещё по тому, что такой вас именно и представлял... Я вас будто видел где-то.

— Где?

— Я ваши глаза точно где-то видел... Может быть, во сне...

Князь проговорил свои несколько фраз голосом неспокойным, с паузами и часто дыша. Настасья Филипповна смотрела на него с любопытством, но уже не смеялась.

В это мгновение раздался чрезвычайно громкий удар колокольчика из передней.

В прихожей стало шумно и людно.

— А, вот он, Иуда[1]! — послышался знакомый князю голос. — Здравствуй, Ганька, подлец[2]!

Голос был Рогожина.

— Здравствуй, Ганька, подлец! Что, не ждал Парфёна Рогожина? — повторил Рогожин, останавливаясь в дверях напротив Гани. Но в эту минуту он разглядел в гости́ной Наста́сью Фили́пповну. Вид её произвёл на него́ необыкнове́нное впечатле́ние; он так побледне́л, что да́же гу́бы его́ посине́ли. — Зна́чит, пра́вда! — проговори́л он. — Коне́ц!.. Ну... Отве́тишь же ты мне тепе́рь! — сказа́л он вдруг, со зло́бой и не́навистью смотря́ на Га́ню...

Машина́льно шёл он в гости́ную.

— Как? И ты тут, князь? — проговори́л Рого́жин, переводя́ взгляд опя́ть на Наста́сью Фили́пповну.

Наста́сья Фили́пповна то́же с беспоко́йным любопы́тством гляде́ла на госте́й.

Га́ня, наконе́ц, пришёл в себя́.

— Извини́те, что э́то зна́чит? — гро́мко заговори́л он, стро́го огляде́в воше́дших. — Вы не в коню́шню вошли́, здесь моя́ мать и сестра́...

— Ви́дим, что мать и сестра́, — сказа́л сквозь зу́бы Рого́жин.

— Во-пе́рвых, прошу́ отсю́да всех в зал, а пото́м разреши́те узна́ть...

— Не узнаёт! — зло́бно засмея́лся Рого́жин, не тро́гаясь с ме́ста. — Рого́жина не узна́л?

— Я с ва́ми где́-то встреча́лся, но...

— Где́-то встреча́лся! Да я тебе́ всего́ то́лько три

месяца двести рублей отцовских проиграл. Я и теперь тебя за деньги приехал всего купить. Э-эх! — крикнул он. — Настасья Филипповна! Венчаетесь[3] вы с ним или нет?

Рогожин задал вопрос как божеству какому-то, но со смелостью приговорённого к казни, которому уже нечего терять.

Настасья Филипповна вдруг переменила тон.

— Совсем нет, что с вами? — ответила она тихо и серьёзно, и как бы с некоторым удивлением.

— Нет? Нет!! — закричал радостно Рогожин. — А мне сказали они... Они говорят, что вы помолвились с Ганькой! Да разве это можно? Да я его всего за сто рублей куплю, дам ему тысячу, ну три, чтобы он накануне свадьбы убежал, а невесту мне оставил. Ведь так, Ганька, подлец!

— Иди вон отсюда, ты пьян! — крикнул Ганя.

— Настасья Филипповна! — закричал Рогожин. — Вот восемнадцать тысяч! — и он бросил перед ней на столик пачку в белой бумаге. — И... и ещё будет!

Настасья Филипповна вдруг засмеялась.

— Восемнадцать тысяч, мне? — она привстала с дивана, как бы собираясь ехать.

— Так со́рок же ты́сяч, — закрича́л Рого́жин.

Наста́сья Фили́пповна продолжа́ла смея́ться.

— А е́сли так — сто! Сего́дня же!

— Да неуже́ли же ни одного́ ме́жду ва́ми не найдётся, чтоб э́ту бессты́жую отсю́да вы́вести! — кри́кнула вдруг Ва́ря.

— Э́то меня́-то бессты́жей называ́ют! — ве́село отве́тила ей Наста́сья Фили́пповна. — А я́-то как ду́ра прие́хала вас к себе́ на ве́чер звать!

— Что ты сде́лала? — закрича́л Га́ня и схвати́л сестру́ за́ руку. Ва́ря дёрнула раз, друго́й и вдруг, вне себя́, плю́нула бра́ту в лицо́.

— Вот так де́вушка! — воскли́кнула Наста́сья Фи-

липповна. — Браво, я вас поздравляю!

У Гани в глазах потемнело, и он, совсем забывшись, изо всей силы замахнулся⁴ на сестру. Но вдруг другая рука остановила на лету Ганину руку.

Между ним и сестрой стоял князь.

— Хватит, довольно! — проговорил он.

Ганя бросил руку Вари и со всей силы дал князю пощёчину⁵.

Князь побледнел. Он посмотрел Гане прямо в глаза.

— О, как вы будете стыдиться того, что вы сделали сейчас!

Настасья Филипповна пошла из гостиной.

— Не провожайте! — крикнула она Гане. — До сви-

дания, до вечера!

Комментарий

1 Иуда — апостол, который предал Христа, здесь: бранное

2 Подлец — бранное: низкий, подлый человек, здесь: эмоциональное дружелюбное обращениек мужчине

3 Венчаться — вступать в брак в церкви

4 Замахнуться — поднять руку для удара

5 Дать пощёчину (кому) — ударить по щеке (кого)

Вопросы

- Какова была реакция присутствующих на приход Настасьи Филипповны?
- Как вела себя Настасья Филипповна?
- Чему удивилась Настасья Филипповна, когда Ганя познакомил её с князем? Как изменилось её обращение к князю?
- Кто ещё пришёл в дом Иволгиных? Почему?
- Как встретил Ганя Рогожина?
- Что предложил Рогожин Гане?
- Как реагировала на предложение Рогожина Настасья Филипповна?
- Что произошло между Ганей и его сестрой Варей?
- Что произошло между князем и Ганей?
- Что сказал князь Гане?

IX

Князь уединился[1] в своей комнате. Вскоре к нему пришла Варя. Дверь снова открылась, и вошёл Ганя. Постоял на пороге, увидел Варю и с решимостью приблизился к князю.

— Князь, я сделал подло, простите меня, — сказал он вдруг.

— Я не думал, что вы такой! — сказал наконец князь. — Я думал, что вы... неспособны.

— Извиниться-то?.. И с чего я взял раньше, что вы идиот! Вы замечаете то, чего другие никогда не заметят. С вами поговорить бы можно, но... лучше не говорить!

— Вот перед кем ещё извинитесь, — сказал князь и показал на Варю.

— Нет, это враги мои. Здесь искренно не прощают!

— Нет, прощу! — сказала вдруг Варя.

— И к Настасье Филипповне вечером поедешь?

— Поеду, если прикажешь, только она всё-таки смеялась над тобой! Это не стоит семидесяти пяти тысяч, ей-богу, брат!

— Я хочу́ знать ва́ше мне́ние, князь: сто́ит э́то семи́десяти пяти́ ты́сяч?

— По-мо́ему, не сто́ит.

— И жени́ться так сты́дно?

— О́чень сты́дно.

— Ну так зна́йте, что я женю́сь, и тепе́рь уж обяза́тельно. Я подле́ц?

— Я вас подлецо́м уже́ никогда́ не бу́ду счита́ть, — сказа́л князь. — Вы, по-мо́ему, са́мый обыкнове́нный челове́к, ра́зве то́лько что сла́бый о́чень и ниско́лько не оригина́льный. Не легкомы́сленно ли поступа́ете, не поду́мать ли вам снача́ла?

— Что я ещё мальчи́шка, э́то я и сам зна́ю, — переби́л Га́ня. — Я не по расчёту в э́тот брак иду́. Я по стра́сти иду́, у меня́ цель есть. Я де́нег хочу́. Кста́ти, ха-ха-ха! Забы́л спроси́ть: пра́вда ли мне показа́лось, что вам Наста́сья Фили́пповна что-то сли́шком нра́вится, а?

— Да... нра́вится.

— Влюблены́?

— Н-нет.

— А весь покрасне́л. Ну, да ничего́, не бу́ду смея́ться. А зна́ете, ведь она́ же́нщина доброде́тельная. Вы

думаете, она́ живёт с тем, с То́цким? Ни-ни! И давно́ уже́. А заме́тили вы, что она́ сама́ вчера́ ужа́сно стесня́лась? Вот таки́е-то и лю́бят вла́ствовать. Ну, проща́йте!

Га́нечка вы́шел в хоро́шем настрое́нии.

Комментáрий

1 уедини́ться — оста́ться одному́
2 доброде́тельный — стро́гих пра́вил, поря́дочный

Вопро́сы

- Заче́м Га́ня пришёл к кня́зю?
- Куда́ Ва́ря согласи́лась пое́хать ве́чером с Га́ней?
- Одо́брил ли князь жени́тьбу Га́ни?

- Почему слова князя не понравились Гане?
- Что сказал князь о Гане?
- Почему Ганя решил жениться на Настасье Филипповне?
- Что ещё рассказал Ганя о Настасье Филипповне и Тоцком?
- Почему у Гани улучшилось настроение?
- Вы согласны, что стеснительные и добродетельные люди любят властвовать?
- Что долговечнее: брак по расчёту или брак по любви?

X

Вечером князь пришёл к Настасье Филипповне. На вопрос, что же он там сделает и зачем идёт, он не находил ответа. Если бы и можно было каким-нибудь образом сказать Настасье Филипповне: «Не выходите за этого человека, он вас не любит, а любит ваши деньги», то вряд ли вышло бы правильно.

Настасья Филипповна занимала не очень большую, но великолепно отделанную квартиру. Общество, собравшееся у Настасьи Филипповны, состояло из всегдашних её знакомых. Было даже довольно малолюдно, сравни́тельно с пре́жними собра́ниями. Прису́тствовали Афана́сий Ива́нович То́цкий и Ива́н Фёдорович Епанчи́н; Га́ня — стоя́вший в стороне́ и молча́вший. Генера́л Епанчи́н беспоко́ился бо́льше всех: же́мчуг, пода́ренный им ещё у́тром, был при́нят с любе́зностью сли́шком холо́дной и да́же с како́й-то осо́бенной усме́шкой. Остальны́е го́сти иногда́ да́же не зна́ли, о чём говори́ть.

Таки́м о́бразом, появле́ние кня́зя произошло́ да́же во́время.

Наста́сья Фили́пповна вста́ла и пошла́ встре́тить кня́зя.

— Я сожале́ла, — сказа́ла она́, — что забы́ла пригласи́ть вас, и о́чень ра́да, что вы доставля́ете мне слу́чай поблагодари́ть вас за ва́шу реши́мость.

Пе́ред са́мым вхо́дом в гости́ную князь вдруг останови́лся и с необыкнове́нным волне́нием прошепта́л ей:

— В вас всё идеа́льно, да́же то, что вы худы́ и бледны́. Мне так захоте́лось к вам прийти́... прости́те...

— Не проси́те проще́ния, — засмея́лась Наста́сья Фили́пповна, — с э́тим пропадёт вся стра́нность и оригина́льность. Так вы, ста́ло быть, меня́ за идеа́л счита́е-

те, да?

— Да.

— Вы хоть и ма́стер уга́дывать, одна́ко ж оши́блись. Я вам сего́дня же об э́том напо́мню...

Она́ предста́вила кня́зя гостя́м. То́цкий то́тчас же сказа́л каку́ю-то любе́зность. Все ра́зом заговори́ли и засмея́лись. Наста́сья Фили́пповна усади́ла кня́зя о́коло себя́.

— Господа́, не хоти́те ли шампа́нского, — сказа́ла вдруг Наста́сья Фили́пповна. — У меня́ пригото́влено. Мо́жет быть, вам ста́нет веселе́е. Пожа́луйста, без церемо́нии.

— Хорошо́ бы сыгра́ть в каку́ю-нибудь игру́, —

предложил вдруг один гость. — Я знаю одну новую игру! Нас однажды компания собралась, и вдруг кто-то сделал предложение, чтобы каждый из нас рассказал что-нибудь про себя вслух, но такое, что сам он считает самым дурным из всех своих дурных[1] поступков; но с тем, чтоб искренно, не обманывать!

— Странная мысль, — сказал генерал.

— Смешная мысль, — сказал Тоцкий.

— А хорошо получилось? — спросила Настасья Филипповна.

— Нет, вышло плохо, каждый кое-что рассказал, а потом стыдно стало, не выдержали!

— А право, это бы хорошо! — сказала Настасья Филипповна. — В самом деле, нам как-то невесело. Может, мы выдержим!

— Гениальная мысль! Дамы исключаются, начинают мужчины. Кто очень не хочет, не рассказывает!

Идея многим не нравилась.

— Да как тут доказать, что я не обману? — спросил Ганя. — А если обману, то вся идея игры пропадает. И кто же не обманет? Каждый обязательно обманывать станет.

— Да уж одно то интересно, как тут будет обманывать человек. Тебе же, Ганечка, особенно опасаться нечего, самый плохой поступок твой и без того всем известен. Но к делу, господа. Генерал, по очереди следует вам, — обратилась к Епанчину Настасья Филипповна.

— Мне, господа, как и всякому, случалось делать поступки не совсем красивые в моей жизни, — начал генерал, — но страннее всего то, что я сам считаю самым плохим анекдотом из всей моей жизни. Дело глупое: был я тогда в армии. Мне отвели квартиру у одной восьмидесятилетней старушки. Домишко у неё старый был и даже служанки она не имела по бедности[2]. Украла у меня петуха. Прихожу к старухе и стал её ругать; смотрю, она сидит, смотрит на меня и ни слова в ответ. В большом смущении я ухожу. Домой

вернулся вечером. А сосед говорит мне: «А знаете, хозяйка-то наша умерла». — «Когда?» — «Да часа полтора назад». Это, значит, в то время, когда я её ругал, она и умирала. Я без предрассудков³, но на третий день пошёл в церковь на похороны⁴. Я не мог успокоиться, пока не поместил лет пятнадцать назад двух больных старушек за свой счёт в богадельне⁵.

— Генерал, я и не думала, что у вас было всё-таки доброе сердце; даже жаль, — проговорила Настасья Филипповна.

Очередь была за Афанасием Ивановичем.

— Увы, в числе всех легкомысленных и... ветреных поступков жизни моей есть один, впечатление от которого тяжело легло в моей памяти. Случилось это около двадцати лет назад; я заехал тогда в деревню к своему другу Платону Ордынцеву. Он приехал с молодой женой провести зимние праздники. К тому времени был в моде прелестный роман Дюма-сына «Дама с камелиями». Цветы камелий вошли в необыкновенную моду. Другой мой приятель Петя был влюблён тогда в жену Ордынцева. Бедный с ума сходил, чтобы достать камелии к вечеру на бал. Даме так захотелось красных. Встречаюсь с Петей уже вечером накануне бала. «Нашёл!» — «Где? Как?» — «В маленьком городке, недалеко, у одного купца есть камелии». — «Когда едешь-то?» — «Завтра в пять часов». — «Ну, с богом!» И так я рад за него. Хотел уже спать ложиться, вдруг мысль пришла в голову! Сажусь и еду в этот городок за цветами. Как приехал, так и послал букет утром к красавице. Можете себе представить радость, слёзы благодарности! А Петя к вечеру заболел и к утру жар. Через месяц на Кавказ отпросился. В Крыму был убит. Меня много лет потом совесть мучила: для чего, зачем я так сделал ему? Если бы не эта история с букетом, кто знает, жил бы человек до сих пор, был бы счастлив.

Афанасий Иванович замолчал. У Настасьи Филипповны как-то особенно засверкали глаза, и даже губы вздрогнули, когда Афанасий Иванович кончил. Все с любопытством поглядывали на них обоих.

— Игра прескучная, надо поскорей кончить, — сказала Настасья Филипповна. — Расскажу сама, и давайте в карты играть. — Князь, — обратилась к Мышкину вдруг Настасья Филипповна, — вот здесь старые мои друзья, генерал да Афанасий Иванович, меня замуж выдать хотят. Скажите мне, как вы думаете: выходить мне замуж иль нет? Как скажете, так и

сде́лаю.

Афана́сий Ива́нович побледне́л, генера́л остолбене́л[6]. Га́ня засты́л на ме́сте[7].

— За... за кого́? — спроси́л князь замира́ющим го́лосом.

— За Гаври́лу Ардалио́новича И́волгина, — продолжа́ла Наста́сья Фили́пповна по-пре́жнему твёрдо и чётко.

Прошло́ не́сколько секу́нд молча́ния.

— Н-нет... не выходи́те! — прошепта́л князь наконе́ц.

— Так тому́ и быть! Гаври́ла Ардалио́нович! Вы слы́шали, как реши́л князь? Ну, так в том и мой отве́т;

и пусть это дело кончено раз навсегда!

— Настасья Филипповна, это несерьёзно! — дрожащим голосом проговорил Афанасий Иванович.

— Настасья Филипповна! — встревоженным голосом произнёс генерал.

— Но... вспомните, Настасья Филипповна, — пробормотал далее Тоцкий, — вы дали обещание... Я в трудном положении и... В такую минуту и при... при людях...

— Не понимаю вас, Афанасий Иванович. Во-первых, что такое: «при людях»? Разве мы не в прекрасной интимной компании? И почему вы говорите, что «несерьёзно»? Вы слышали, я сказала князю: «как скажете, так и будет». Тут вся моя жизнь на одном волоске висела; чего серьёзнее?

— Но князь, почему тут князь? И что такое, наконец, князь? — пробормотал генерал.

— А князь для меня то, что я в него в первого за всю мою жизнь поверила. Он в меня с одного взгляда поверил, и я ему верю.

— Мне остаётся только отблагодарить Настасью Филипповну за чрезвычайную деликатность, с которой она... со мной поступила, — проговорил дрожащим голосом Ганя. — Но... Князь в этом деле...

— Афанасий Иванович, я и забыла прибавить, — сказала вдруг Настасья Филипповна. — Вы эти семьдесят пять тысяч возьмите себе и знайте, что я вас отпускаю на волю даром[9]. Довольно! Девять лет и три месяца! Завтра — по-новому, а сегодня — я именинница[10] и сама по себе, в первый раз в целой жизни! Генерал, возьмите и вы ваш жемчуг, подарите супруге; а с завтрашнего дня я и с квартиры съезжаю. И уже больше не будет вечеров, господа!

Сказав это, она вдруг встала, как будто желая уйти.

— Настасья Филипповна! — послышалось со всех сторон.

Все заволновались, все встали с мест. В это мгнове-

ние раздался вдруг звонкий, сильный удар колокольчика, точь-в-точь как днём в Ганечкину квартиру.

— А! Вот и развязка[8]! Наконец-то! Половина двенадцатого! — закричала Настасья Филипповна. — Прошу вас садиться, господа, это развязка!

Сказав это, она села сама. Она сидела молча, в нервном ожидании, и смотрела на дверь.

— Рогожин и сто тысяч, сомнения нет, — пробормотал Ганя.

Комментарий

1 дурной — плохой

2 по бедности — из-за бедности

3 предрассудок — предубеждение, суеверие, вера в приметы

4 похороны — прощание с умершим

5 богадельня — приют для стариков и инвалидов; дом престарелых

6 остолбенеть — потерять способность двигаться, стать как столб

7 застыть на месте — остановиться, остолбенеть

8 развязка — конец истории

9 даром — бесплатно, без денег

10 я именинница — здесь: у меня праздник

Вопросы

· Куда вечером приехал князь?
· Как встретила Настасья Филипповна князя?

- Каку́ю игру́ предложи́л оди́н из госте́й?
- Что рассказа́л генера́л Епанчи́н?
- Каку́ю исто́рию рассказа́л Афана́сий Ива́нович То́цкий?
- Что ожида́ла услы́шать от То́цкого Наста́сья Фили́пповна?
- О чём спроси́ла Наста́сья Фили́пповна кня́зя?
- Что отве́тил князь Наста́сье Фили́пповне?
- Почему́ Наста́сья Фили́пповна приняла́ сове́т кня́зя?
- Что Наста́сья Фили́пповна реши́ла сде́лать с пода́ренным же́мчугом и деньга́ми?
- Кто прие́хал к Наста́сье Фили́пповне о́коло полу́ночи?

XI

Вошла́ го́рничная Ка́тя, си́льно испу́ганная.

— Наста́сья Фили́пповна, челове́к де́сять пришли́, и все пья́ные, говоря́т, что Рого́жин и что вы са́ми зна́ете.

— Пра́вда, Ка́тя, впусти́ их.

Компа́ния Рого́жина была́ почти́ в по́лном соста́ве.

Шата́ясь, Рого́жин подошёл к столу́ и положи́л на него́ стра́нный предме́т, с кото́рым вошёл в гости́ную.

Э́то была́ больша́я па́чка бума́ги, завёрнутая в газе́ту.

— Что э́то тако́е? — спроси́ла Наста́сья Фили́пповна, внима́тельно и любопы́тно огляде́в Рого́жина и ука́зывая глаза́ми на «предме́т».

— Сто ты́сяч! — отве́тил тот почти́ шёпотом.

— А сдержа́л-таки сло́во, како́в!

— Э́то, господа́, сто ты́сяч, — сказа́ла Наста́сья Фили́пповна всем, — вот в э́той гря́зной па́чке. Э́то он покупа́л меня́; на́чал с восемна́дцати ты́сяч, пото́м увели́чил до сорока́, а пото́м вот э́ти сто. Вот, пришёл да положи́л сто ты́сяч на стол, по́сле пяти́-то лет неви́нности, и уж наве́рно у них там тро́йки стоя́т и меня́ ждут. Во сто ты́сяч меня́ оцени́л! Га́нечка, ты на меня́ ещё се́рдишься? Да неуже́ли ты меня́ в свою́ семью́ ввести́ хоте́л? Меня́-то, рого́жинскую! Я наро́чно хоте́ла у тебя́ до́ма в после́дний раз посмотре́ть: до чего́ ты мо́жешь дойти́? Ведь Рого́жин в твоём до́ме, при твое́й ма́тери и сестре́ меня́ покупа́л, а ты всё-таки жени́ться прие́хал. Да неуже́ли пра́вду Рого́жин сказа́л, что ты за три рубля́ на Васи́льевский о́стров ползко́м доползёшь?

— Доползёт, — проговори́л Рого́жин ти́хо, но уве́ренно.

— Я гуля́ть хочу́! — засмея́лась вдруг Наста́сья Фили́пповна. — Сего́дня мой день, я его́ давно́ ждала́. Ви́дите вы вот э́того буке́тника, вот э́того Господи́на с каме́лиями? Я его́ му́чила це́лые пять лет и от себя́ не отпуска́ла! Сто́ил ли того́! Он про́сто тако́в, каки́м до́лжен быть... Ещё он меня́ винова́той перед собо́й счита́ет: воспита́ние ведь дал, как графи́ню содержа́л, де́нег-то ско́лько ушло́; и что же: я с ним э́ти пять лет не жила́, а де́ньги-то с него́ брала́! Я бы и за́муж давно́ могла́ вы́йти, да и не то что за Га́нечку. Нет, уж лу́чше на у́лицу, где мне и сле́дует быть! Ведь у меня́ ничего́ своего́ нет, а без всего́ меня́ кто возьмёт? То́лько вот князь. Пра́вда? — спроси́ла она́.

— Пра́вда, — прошепта́л князь.

— Возьмёте как есть, без ничего́?

— Возьму́, Наста́сья Фили́пповна...

— А ведь пра́вда от до́брого се́рдца, я его́ зна́ю. Чем жить-то бу́дешь, е́сли уж так влюблён, что рого́жинскую берёшь, за себя́-то, за кня́зя-то?..

— Я вас че́стную беру́, Наста́сья Фили́пповна, а не рого́жинскую, — сказа́л князь.

— Э́то я-то че́стная?

— Вы.

— Ну, э́то... из рома́нов!

Князь встал и дрожа́щим, ро́бким го́лосом, но в то же вре́мя с ви́дом глубоко́ убеждённого челове́ка сказа́л:

— Я ничего́ не зна́ю, Наста́сья Фили́пповна, вы пра́вы, но я... я счита́ю, что вы мне, а не я сде́лаю честь. Я ничто́, а вы страда́ли и из тако́го а́да чи́стая вы́шли, а э́то мно́го. Почему́ же вы стыди́тесь да с Рого́жиным е́хать хоти́те? Э́то боле́знь про́сто... Я вас... Наста́сья Фили́пповна... люблю́. Я умру́ за вас, Наста́сья Фили́пповна. Е́сли мы бу́дем бедны́, я рабо́тать бу́ду, Наста́сья Фили́пповна... Но мы, мо́жет быть, бу́дем не бедны́, а о́чень бога́ты, Наста́сья Фили́пповна. Я не знаю точно, но я получил в Швейцарии письмо из Москвы, от господина Салазкина, и он меня уведомляет[1], что я будто бы могу получить очень большое наследство[2]. Вот это письмо...

Князь действительно вынул из кармана письмо.

— Вы сказали, от Салазкина? — спросил один из гостей. — Это известный в своём кругу человек; вполне можете верить. Я руку знаю, недавно дело имел... Если бы вы дали мне взглянуть, мог бы вам что-нибудь и сказать.

Князь протянул ему письмо.

— Правильно, — объявил, наконец, гость, передавая письмо князю. — Вы получаете по завещанию[3] вашей тётки очень большой капитал. Поздравляю вас, князь! Может быть, миллиона полтора получите, а пожалуй, что и больше.

— Ай да последний в роде князь Мышкин! Ура! — пьяным голоском пробормотал Лебедев.

— А я-то ему сегодня двадцать пять рублей одолжил, бедняжке, ха-ха-ха! — проговорил генерал. — Ну, поздравляю! — и подошёл к князю обнять его. За ним стали вставать и другие и тоже пошли к князю. На мгновение чуть не позабыли Настасью Филипповну.

Она́ вдруг поверну́лась к кня́зю и до́лго его́ разгля́дывала.

— Зна́чит, в са́мом де́ле княги́ня! — прошепта́ла она́ и засмея́лась. — Развя́зка неожи́данная... Да что же вы, господа́, сто́йте, поздра́вьте меня́ с кня́зем! Вот и вино́ несу́т!

— Ура́! — кри́кнуло мно́жество голосо́в. Рого́жин стоя́л и ничего́ не понима́л.

Наста́сья Фили́пповна захохота́ла.

— Афана́сий Ива́нович, как вы ду́маете, вы́годно тако́го му́жа име́ть? Полтора́ миллио́на, да ещё князь, да ещё, говоря́т, что идио́т, чего́ лу́чше? Опозда́л, Рого́жин! Убира́й свою́ па́чку, я за кня́зя за́муж выхожу́ и сама богаче тебя!

Рогожин понял наконец, в чём дело.

— Откажись! — прокричал он князю. — Всё отдам...

— Слышишь, князь, — обратилась к нему Настасья Филипповна, — вот как твою невесту мужик покупает.

— Он пьян, — сказал князь. — Он вас очень любит.

— А не стыдно тебе потом будет, что твоя невеста чуть с Рогожиным не уехала?

— Это вы в лихорадке были; вы и теперь как в бреду[4].

— И не постыдишься, что твоя жена у Тоцкого в содержанках[7] жила?

— Нет, не постыжусь... Вы не по своей воле у Тоцкого были.

— И никогда не упрекнёшь[5]?

— Не упрекну. Настасья Филипповна, — сказал князь с состраданием, — я вам говорил, что за честь приму ваше согласие. Вы на эти слова усмехнулись, и кругом тоже смеялись. Я, может быть, был смешон, но я... понимаю, в чём честь, и правду сказал. Вы сейчас загубить себя хотели, а вы ни в чём не виноваты. Что ж такое, что к вам Рогожин пришёл, а Гаврила Ардалионович вас обмануть хотел? То, что вы сделали, на то немногие способны. Вы горды, но, может быть, до того несчастны, что и действительно виновной себя считаете. Я буду ходить за вами. Я... я вас буду всю жизнь уважать, Настасья Филипповна, — закончил князь, вдруг опомнившись.

— Спасибо, князь, со мной так никто не говорил до сих пор, — проговорила Настасья Филипповна. — Рогожин! Ты погоди уходить-то. Может, я ещё с тобой пойду. Этакого-то ребёнка погубить? Едем, Рогожин! Готовь свою пачку! Ты думал, что как сам жениться хотел, так пачка у тебя и останется? Врёшь! Я сама бесстыдница! Князь! Тебе надо Аглаю Епанчину, а не Настасью Филипповну! Ты не боишься, да я буду бояться, что тебя погубила да что потом упрекнёшь!..

— Неужели! — простонал[6] князь.

— Ну какая я тебе жена после этого? Афанасий Иваныч, а ведь миллион-то я и в самом деле в окно выбросила! Семьдесят пять тысяч ты возьми себе, а Ганечку я утешу сама, мне мысль пришла. А теперь я гулять хочу, я ведь уличная[8]! Что же ты, Рогожин? Собирайся, едем!

— Едем! — закричал Рогожин. — Вина!

— Бери вина, я пить буду. А музыка будет?

— Будет, будет! Не подходи! Моя! Королева! Конец!

Он от радости ходил вокруг Настасьи Филипповны и кричал на всех.

— Да что ты кричишь-то! — хохотала Настасья Филипповна. — Я ещё у себя хозяйка; захочу, ещё тебя выгоню. Я не взяла ещё с тебя денег-то; давай их сюда, всю пачку! Сто тысяч? Смотри, князь, твоя невеста деньги взяла, потому что она распутная[9], а ты её брать хотел! Да что ты плачешь-то? А ты смейся, — продолжала Настасья Филипповна, у которой у самой появились две крупные слезы на щеках. — Этак-то лучше, князь, не было бы нам счастья! Лучше простимся по-доброму, а то ведь я и сама мечтательница! Разве я сама о тебе не мечтала? Всё такого, как ты, воображала, доброго, честного, хорошего и такого же глупенького.

Настасья Филипповна схватила в руки пачку.

— Ганька, мне мысль пришла: я тебя вознаградить хочу. Рогожин, доползёт он на Васильевский за три рубля?

— Доползёт!

— Ну, так слушай же, Ганя, я хочу на твою душу в

последний раз посмотреть; ты меня целых три месяца мучил; теперь моя очередь. Видишь ты эту пачку, в ней сто тысяч! Вот я её сейчас брошу в камин, в огонь, все свидетели! Как только огонь обхватит её всю — полезай в камин с голыми руками и тащи пачку из огня! Вытащишь — твоя, все сто тысяч твои! А я на душу твою полюбуюсь, как ты за моими деньгами в огонь полезешь. А не полезешь, так и сгорит; никого не пущу. Мои деньги! Я их за ночь у Рогожина взяла. Мои ли деньги, Рогожин?

— Твои, радость! Твои, королева!

— Ну, так всё, что хочу, то и делаю! — крикнула Настасья Филипповна, схватила пачку и бросила в огонь.

— Господи, господи! — раздавалось кругом. Все встали вокруг камина, все лезли смотреть, все кричали...

— Матушка! Королева! Всемогущая! — кричал Лебедев, ползая на коленках перед Настасьей Филипповной. — Сто тысяч! Милостивая! Прикажи мне в камин: весь влезу!..

— Отойди! — закричала Настасья Филипповна, отталкивая его. — Отойдите все! Ганя, чего же ты сто-

ишь? Не стыдись! Полезай! Твоё счастье!..

Но Ганя уже слишком много вынес в этот день и к этому последнему испытанию был не готов. Он не двигался с места.

— Эй, сгорят, ведь после повесишься, я не шучу!

Тонкий, длинный язычок огня лизнул пачку, побежал вверх по бумаге, по углам, и вдруг вся пачка вспыхнула в камине. Все ахнули.

Рогожин весь обратился в один неподвижный взгляд. Он оторваться не мог от Настасьи Филипповны.

— Вот это королева! — повторял он поминутно. — Вот это по-нашему!

Князь наблюдал грустно и молча.

— Горит, горит! — кричали все в один голос.

Ганя повернулся и пошёл к дверям; но, не сделал и двух шагов, зашатался и упал на пол.

— Катя, воды ему! — крикнула Настасья Филипповна, схватила каминные щипцы и выхватила пачку. Наружная бумага обгорела, но деньги были целы. Все вздохнули свободнее.

— Вся пачка его! — объявила Настасья Филипповна и положила пачку возле Гани. — А не пошёл-таки, выдержал! Значит, самолюбия ещё больше, чем жажды[10] денег. Рогожин, марш! Прощай, князь, в первый раз человека видела! Прощайте, Афанасий Иванович, спасибо за всё!

Коммента́рий

1. уведомля́ть — сообща́ть, извеща́ть
2. насле́дство — иму́щество, кото́рое получа́ют от уме́ршего
3. завеща́ние — докуме́нт, по кото́рому передаю́т насле́дство
4. вы... как в бреду́ — не понима́ете, что де́лаете, как при боле́зни
5. упрека́ть — обвиня́ть
6. простона́ть — издава́ть жа́лобный звук от бо́ли или го́ря
7. содержа́нка — же́нщина, кото́рая получа́ет де́ньги от мужчи́ны за свою́ любо́вь
8. у́личная — проститу́тка
9. распу́тный — тот, кто ведёт амора́льный, безнра́вственный о́браз жи́зни
10. жа́жда — си́льное жела́ние чего́-л.

Вопро́сы

- Что сообщи́ла Ка́тя Наста́сье Фили́пповне?
- Что привёз Рого́жин?
- Почему́ Наста́сья Фили́пповна приезжа́ла к Га́не?
- Что предложи́ла Наста́сья Фили́пповна кня́зю?
- Что отве́тил князь?
- Почему́ Наста́сья Фили́пповна попроси́ла всех госте́й поздра́вить её с кня́зем?
- Какова́ была́ реа́кция Рого́жина?
- О чём Наста́сья Фили́пповна начала́ спра́шивать кня́зя?
- Как измени́лось реше́ние Наста́сьи Фили́пповны?
- Что она́ предложи́ла Га́не?

- Как реаги́ровали го́сти на реше́ние Наста́сьи Фили́пповны?
- Как вёл себя́ Га́ня?
- Какова́ судьба́ де́нег Рого́жина?
- Куда́ уе́хала Наста́сья Фили́пповна? Почему́ она так реши́ла?

ЧАСТЬ ВТОРАЯ

I

Через дня два князь Мышкин поспешил выехать в Москву для получения своего неожиданного наследства. Князь пробыл там ровно шесть месяцев. Настасья Филипповна на другой же день убежала от Рогожина, исчезла, и узнали, наконец, что она тоже уехала в Москву. Вся компания Рогожина с ним самим во главе отправилась за ней.

Гаврила Ардалионович Иволгин заболел и не мог являться не только нигде в обществе, но даже и на службу. Проболев с месяц, он выздоровел, но от службы отказался. В доме генерала Епанчина не появлялся ни разу, и к генералу стал ходить другой чиновник. Варвара Ардалионовна в ту же зиму вышла замуж.

Настасья Филипповна, разысканная в Москве Рогожиным, снова дала ему слово выйти за него замуж. И опять убежала из-под венца[1]. Исчез из Москвы и князь Мышкин.

Через шесть месяцев бедного князя уже совсем успели в Петербурге забыть.

Но однажды Аглая получила письмо:

«Когда-то вы доверились мне. Может быть, вы меня совсем теперь позабыли. Но у меня появилось сильное желание напомнить вам о себе, и именно вам. Сколько раз вы все три бывали мне очень нужны, но из всех трёх я видел одну только вас. Вы мне нужны, очень нужны. Мне нечего писать вам о себе, нечего рассказывать. Я и не хотел этого; мне ужасно бы хотелось, чтобы вы были счастливы. Счастливы ли вы? Вот это только я и хотел вам сказать. Ваш брат Кн. Л. Мышкин».

Прочитав эту коротенькую и довольно бестолковую записку, Аглая вся вдруг покраснела и задумалась. Ей как-то было стыдно. С насмешливой и странной улыбкой она бросила письмо в свой столик.

Комментарий

1 из-под венца — прямо в момент свадьбы

Вопросы

- Зачем князь Мышкин уехал в Москву?
- Вышла ли Настасья Филипповна замуж за Рогожина? Почему?
- Женился ли Афанасий Иванович?
- Что произошло с Ганей?
- Что написал князь в письме к Аглае?
- Как отреагировала Аглая на письмо князя?

II

Был июнь, и погода стояла в Петербурге на редкость хорошая. У Епанчиных была богатая собственная дача¹ в Павловске, куда они и переехали.

На другой или на третий день после переезда Епанчиных из Москвы прибыл и князь Лев Николаевич

Мы́шкин.

Изво́зчик довёз его́ до гости́ницы, недалеко́ от Лите́йного. Гости́ница была́ плоха́я. Князь за́нял две небольши́е ко́мнаты, умы́лся, оде́лся и торопли́во вы́шел.

Князь взял изво́зчика и отпра́вился на Пески́. Там он отыска́л небольшо́й деревя́нный до́мик. К удивле́нию его́, э́тот до́мик оказа́лся краси́вым, чи́стеньким, с са́диком, в кото́ром росли́ цветы́. Князь вошёл во двор, подня́лся на крыле́чко[2] и спроси́л господи́на Ле́бедева.

Ле́бедев уви́дел кня́зя и бро́сился к нему́:

— Сия́тельнейший князь! — обрати́лся он к кня́зю.

— Э́то мой ребёнок, дочь Любо́вь, рождена́ в бра́ке от

Еле́ны, жены́ мое́й, уме́ршей в ро́дах. А э́то дочь моя́ Ве́ра, в тра́уре... А э́тот, э́тот...

— Что не говори́шь? — кри́кнул молодо́й челове́к. — Продолжа́й.

— Нигили́ст[3]! — воскли́кнул Ле́бедев. — Родно́й мой племя́нник!

— Вы князь Мы́шкин? Говоря́т, что умне́е вас и на све́те нет...

— Да что у вас тут тако́е? — проговори́л князь недово́льно.

У него́ боле́ла голова́, к тому́ же он убежда́лся всё бо́льше, что Ле́бедев его́ обма́нывал всё э́то вре́мя и был рад, что отодвига́ется де́ло.

— Изложе́ние де́ла. Я его́ племя́нник. Я ку́рса не ко́нчил, но ко́нчить хочу́, потому́ что у меня́ есть хара́ктер. А пока́, что́бы существова́ть, ме́сто беру́ в два́дцать пять рубле́й на желе́зной доро́ге. У меня́ бы́ло два́дцать рубле́й, и я их проигра́л. Я про себя́ ду́мал: проигра́ю — к дя́де пойду́, поклоню́сь, не отка́жет. Что́бы заня́ть ме́сто на желе́зной доро́ге, мне обяза́тельно ну́жно хоть ка́к-нибудь оде́ться. Я прошу́ у него́ всего́ то́лько пятна́дцать рубле́й и обеща́л, что никогда́ бо́льше не бу́ду проси́ть и в тече́ние трёх ме́сяцев вы́плачу весь долг. Я сло́во сдержу́, потому́ что у меня́ есть хара́ктер. Вы улыба́етесь, князь? Я не прав?

— Я не улыба́юсь, но, по-мо́ему, вы действи́тельно

немно́го непра́вы, — неохо́тно отве́тил князь. — Ну, что же? — сказа́л он да́лее Ле́бедеву. — Вы зна́ете са́ми, в чём на́ше де́ло: я прие́хал по ва́шему же письму́. Говори́те.

Ле́бедев смути́лся, ничего́ не мог сказа́ть. Князь подожда́л и гру́стно улыбну́лся.

— Я вас понима́ю: вы меня́, наве́рно, не жда́ли. А я вот и прие́хал. Рого́жин здесь уже́ три неде́ли, я всё зна́ю. Успе́ли вы её прода́ть ему́ или нет? Скажи́те пра́вду.

— Он сам узна́л.

— Она́ оста́вила его́ в Москве́?

— Опя́ть из-под са́мого венца́. Тот уже́ мину́ты счита́л, а она́ сюда́, в Петербу́рг, и пря́мо ко мне: «Спаси́ меня́ и кня́зю не говори́...» Она́, князь, вас ещё бо́лее его́ бои́тся!

— А тепе́рь вы их опя́ть помири́ли?

— Князь, как мог я не помири́ть?

— Ну, я сам всё узна́ю. То́лько где тепе́рь она́? У него́?

— О, нет! Ещё сама́ по себе́. Я, говори́т, свобо́дна! Всё ещё на Петербу́ргской, в до́ме мое́й ро́дственницы. Там, е́сли не в Па́вловске, на да́че.

— Там давно́ бы́ли?

— Ка́ждый день.

— Как жаль, что вы немно́го вы́пили, Ле́бедев!

— Ни-ни-ни, ни в одно́м глазу́!

— Скажи́те мне, как вы её оста́вили?

— Как бы и́щет чего́-то. О предстоя́щем же бра́ке да́же мысль ужа́сна. О нём же само́м ду́мает со стра́хом и у́жасом, да́же говори́ть запреща́ет... Беспоко́йна, насме́шлива.

Князь стал встава́ть. Ле́бедев удиви́лся.

— Равноду́шны ста́ли, хе-хе! — осме́лился он заме́тить.

— Я чу́вствую себя́ не о́чень здоро́вым, — отвеча́л

князь.

— На да́чку[4] бы вам, — ро́бко посове́товал Ле́бедев. — И то́же в Па́вловск.

— И вы? — спроси́л вдруг князь. — Здесь все, что ли, в Па́вловск?

— Мне да́ли одну́ из дач. И хорошо́, и высоко́, и зе́лено, и дёшево. Я, впро́чем, во флигелёчке[5], а со́бственно да́чку...

— О́тдали?

— Не... не совсе́м-с.

— Отда́йте мне, — вдруг предложи́л князь.

Ка́жется, к тому́ то́лько и подводи́л Ле́бедев. Предложе́ние кня́зя он при́нял чуть не с восто́ргом.

О́ба уже́ выходи́ли из са́да.

— А я бы вам... кое-что́ интере́сное мог бы сообщи́ть, — пробормота́л Ле́бедев.

Князь приостанови́лся.

— У на́шей о́бщей знако́мой то́же в Па́вловске да́чка. А изве́стная осо́ба с ней прия́тельница и ча́сто жела́ет посеща́ть её в Па́вловске. Агла́я Ива́новна...

— Ах, дово́льно, Ле́бедев! — с неприя́тным ощуще́нием переби́л князь, то́чно дотро́нулись до больно́го ме́ста. — Всё э́то... не так.

Князь вы́шел за воро́та.

Коммента́рий

1 да́ча — ле́тний дом

2 крыле́чко — крыльцо́, пристро́йка перед вхо́дом в дом, состоя́щая из площа́дки и ле́стницы, обы́чно под кры́шей

3 нигили́ст — здесь: сторо́нник демократи́ческих измене́ний в о́бществе, челове́к, не принима́ющий устано́вленные поря́дки

4 да́чка — здесь и да́лее Ле́бедев ча́сто испо́льзует уменьши́тельные фо́рмы, что́бы подчеркну́ть ли́чный, фамилья́рный хара́ктер разгово́ра

5 флигелёчек — фли́гель, бокова́я пристро́йка к до́му

Вопро́сы

- К кому́ пое́хал князь, верну́вшись из Москвы́?
- Из кого́ состоя́ла семья́ Ле́бедева?
- Кем был племя́нник Ле́бедева? Понра́вился ли он кня́зю?
- Каки́е но́вости узна́л князь от Ле́бедева о Наста́сье Фили́пповне и Рого́жине?
- Кто из геро́ев рома́на жил в э́то вре́мя на да́че в Па́вловске?
- О чём попроси́л князь Ле́бедева?
- С кем начала́ встреча́ться Наста́сья Фили́пповна?

III

Был уже двенадцатый час. Князь решился идти разыскивать дом, в который ему так хотелось зайти.

Подходя к перекрёстку Гороховой и Садовой, он сам удивился своему волнению. Один дом ещё издали стал привлекать его внимание. Дом этот был большой, мрачный, в три этажа, без всякой архитектуры, цвета грязно-зелёного. Подойдя к воротам и взглянув на надпись, князь прочитал: «Дом почётного[1] гражданина Рогожина».

Перестав раздумывать, он открыл дверь и стал под-

ниматься по парадной лестнице⁴. Он знал, что Рогожин с матерью и братом занимает весь второй этаж. Дверь открыл сам Парфён Семёныч; увидев князя, он побледнел. Князь хоть и ожидал чего-нибудь в этом роде, но даже удивился.

— Парфён, может, я некстати², — проговорил он наконец в смущении.

— Кстати! кстати! — опомнился Парфён. — Пожалуйста, входи!

Они говорили друг другу ты. В Москве им случалось встречаться часто. Теперь же они месяца три как не видались.

Бледность не покидала лица Рогожина. Пока он подводил князя к креслам, тот случайно обернулся к нему и остановился под впечатлением странного и тяжёлого взгляда. Не садясь, он некоторое время смотрел Рогожину прямо в глаза. Рогожин усмехнулся.

— Что ты так смотришь? — пробормотал он. — Садись!

Князь сел.

— Ты здесь совсем поселился? — спросил князь. — Дом-то твой или ваш общий?

— Дом матушкин. К ней сюда через коридор. Брат

Семён Семёныч во флигеле.

Князь задумался. Помолчали.

— Я твой дом за сто шагов угадал, — сказал князь. — Твой дом имеет физиономию всего вашего семейства и всей вашей рогожинской жизни. Мрак³ какой. Мрачно ты живёшь, — сказал князь, оглядывая кабинет.

Князь заметил на столе, за который усадил его Рогожин, две-три книги; одна из них, история Соловьёва, была развёрнута и заложена закладкой.

— Свадьбу-то здесь справлять будешь?

— З-здесь, — ответил Рогожин, вздрогнув от неожиданного вопроса.

— Скоро у вас?

— Сам знаешь, от меня ли зависит?

— Парфён, я тебе не враг и мешать тебе ни в чём не хочу. Когда в Москве твоя свадьба шла, я тебе не мешал, ты знаешь. В первый раз она сама ко мне бросилась, чуть не из-под венца, прося «спасти» её от тебя. Потом и от меня убежала; ты опять её разыскал и к венцу повёл, и вот, говорят, она опять от тебя убежала сюда. Мне Лебедев дал знать, я потому и приехал. А о том, что у вас опять здесь всё хорошо, я вчера в вагоне узна́л от знако́мого одного́, е́сли хо́чешь знать. Е́хал же я сюда́, име́я цель: я хоте́л её уговори́ть за грани́цу пое́хать попра́вить здоро́вье; она́ о́чень расстро́ена и те́лом, и душо́й, и в ухо́де нужда́ется. Сам я за грани́цу её провожа́ть не хоте́л. Е́сли пра́вда, что у вас опя́ть всё хорошо́, то я и на глаза́ ей не покажу́сь, да и к тебе́ бо́льше никогда́ не приду́. Ты сам зна́ешь, что я тебя́ не обма́нываю. Я всегда́ говори́л, что за тобо́ю ей обяза́тельная ги́бель[5]. Тебе́ то́же поги́бель... Е́сли бы вы опя́ть разошли́сь, то я был бы о́чень дово́лен; но ссо́рить вас я не хочу́. Я ведь тебе́ уж объясня́л, что я её не любо́вью люблю́, а жа́лостью. Ты говори́л, что слова́ мои́ по́нял; пра́вда ли? Вон как ты нена́вистно смо́тришь! Я тебя́ успоко́ить пришёл, потому́ что и ты

мне дорог. Я очень тебя люблю, Парфён. А теперь уйду и никогда не приду. Прощай.

Князь встал.

— Посиди со мной, — тихо сказал Парфён, опустив голову.

Князь сел. Оба опять замолчали.

— Я, когда тебя нет передо мною, тотчас к тебе злобу чувствую, Лев Николаевич. Теперь ты четверти часа со мной не сидишь, а уж вся злоба моя проходит, и ты мне опять по-прежнему близок. Посиди со мной... Я твоему голосу верю. Я ведь понимаю же, что нас с тобой нельзя равнять, меня да тебя...

— Зачем ты это прибавил? И вот опять разозлился, — сказал князь.

— Да уж тут не нашего мнения спрашивают. Мы вот и любим тоже по-разному. Ты вот жалостью её любишь. Никакой во мне нет к ней жалости. Она мне теперь во сне снится каждую ночь: что она с другим надо мной смеётся. Ты не знаешь ещё, что она надо мной в Москве выделывала! А денег-то сколько я перевёл...

— Да... как же ты теперь женишься!.. — с ужасом спросил князь.

Рогожин тяжело и страшно поглядел на князя и

ничего не ответил.

— Я уж пятый день у ней не был, — продолжал он, помолчав. — Всё боюсь, что выгонит. А о том, когда венчаться, и сказать нельзя. Вот и сижу, а невтерпёж[6] станет, так тайком мимо дома её по улице хожу, или за углом где-нибудь прячусь. В Москве я однажды взял её да и говорю: «Ты под венец со мной обещала, а знаешь ты теперь кто ты такая?»

— Ты ей сказал?

— Сказал. А она мне: «Я тебя теперь и в слуги к себе, может, взять не захочу». Я и бросился на неё, да тут же до синяков и избил.

— Быть не может!

— Полторы сутки не спал, не ел, не пил, из комнаты её не выходил:

— Умру, — говорю, — не выйду, пока не простишь.

Точно сумасшедшая она была, то плакала, то убивать меня собиралась ножом. Вернулась из театра:

— Они, — говорит, — тебя боятся, да и меня пугают: он так не уйдёт, зарежет. А я в спальню пойду, дверь не закрою за собой; вот как я тебя боюсь!

И так и сделала, комнату не закрыла. На утро вышла — смеётся:

— Ты с ума́ сошёл? Ведь так с го́лоду помрёшь.

— Прости́.

— Не хочу́ проща́ть, не пойду́ за тебя́. Неуже́ли всю ночь не спал?

— Нет, не спал.

— А чай пить и обе́дать опя́ть не бу́дешь?

— Сказа́л не бу́ду — прости́!

Тогда́ мне в го́лову и пришло́, что до того́ она́ меня́ ни́зко счита́ет, что и зла́-то на мне большо́го держа́ть не мо́жет. Вы́шла. Через час выхо́дит ко мне, мра́чная:

— Я, говори́т, пойду́ за тебя́, Парфён Семёнович, всё равно́ погиба́ть-то. Сади́сь, говори́т, тебе́ сейча́с обе́дать подаду́т. А е́сли вы́йду за тебя́, я тебе́ ве́рною буду женой.

Тут и свадьбу назначила, а через неделю к Лебедеву от меня убежала сюда. Я как приехал, она и говорит:

— Я от тебя не отказываюсь совсем; я только подождать ещё хочу. Жди и ты, если хочешь. Вот как у нас теперь... Знаешь, что я тебе скажу! — вдруг оживился Рогожин, и глаза его засверкали. — Как ты мне уступаешь её, не понимаю? Или уж совсем её разлюбил? Жалость твоя, пожалуй, ещё больше моей любви!

— Твою любовь от злости не отличишь, — улыбнулся князь, — а пройдёт она, так, может, ещё больше беда будет.

— Что зарежу-то?

Князь вздрогнул.

— Ненавидеть будешь её за эту теперешнюю любовь, за всю эту муку. Для меня всего удивительнее то, как она может опять идти за тебя?

— Да потому-то и идёт за меня, что точно за мной нож ожидает! Да неужели ты до сих пор не понял, в чём тут дело? Другого она любит! Точно так, как я её люблю, точно так же она другого теперь любит. А другой этот знаешь кто? Это ты!

— Я!

— Ты. То́лько она́ ду́мает, что вы́йти ей за тебя́ невозмо́жно, потому́ что она́ тебя́ бу́дто бы опозо́рит[7] и всю судьбу́ твою́ погу́бит. Она́ всё э́то мне сама́ пря́мо в лицо́ и говори́ла. Со зла и идёт за меня́...

Князь вздро́гнул и внима́тельно погляде́л на Рого́жина.

— Вот как! — засмея́лся он вдруг. — Извини́, брат, у меня́ голова́ так тяжела́... Я во́все не об э́том и спроси́ть-то хоте́л... не по́мню о чём. Проща́й...

— Не сюда́, — сказа́л Рого́жин. — Пойдём, я укажу́.

Коммента́рий

1 почётный — уважа́емый

2 некста́ти — не во́время

3 мрак — темнота́

4 пара́дная ле́стница — гла́вный вход в дом, ср. чёрный ход

5 ги́бель — смерть

6 невтерпёж — нет сил ждать

7 опозо́рить — скомпромети́ровать

Вопро́сы

- Как вы́глядел дом Рого́жина?
- Как встре́тил Рого́жин кня́зя?

- Что сказа́л князь Рого́жину?
- Почему́ Рого́жин попроси́л кня́зя оста́ться?
- Что рассказа́л Рого́жин о себе́ и Наста́сье Фили́пповне?
- Почему́ Наста́сья Фили́пповна не реши́лась вы́йти за́муж за Мы́шкина?

IV

Пошли́ через те же ко́мнаты; Рого́жин шёл впереди́, князь за ним. Вошли́ в большо́й зал. Здесь, по стена́м, висе́ло не́сколько карти́н, на кото́рых ничего́ нельзя́ бы́ло уви́деть. У двери́ в сле́дующую ко́мнату висе́ла карти́на, дово́льно стра́нная по свое́й фо́рме, у́зкая и широ́кая. Она́ изобража́ла Спаси́теля[1], то́лько что сня́того с креста́. Князь ме́льком взгляну́л на неё, что-то припомина́я. Рого́жин вдруг останови́лся.

— Э́ти карти́ны, — сказа́л он, — все за рубль да за два на аукцио́нах ку́плены отцо́м поко́йным. Их оди́н зна́ющий челове́к все здесь пересмотре́л; плохи́е, — говори́т, — а вот э́та вот карти́на — интере́сная. Три́ста пятьдеся́т рубле́й дава́л, а Саве́льев Ива́н Дми́трич, из купцо́в, так тот до четырёхсо́т доходи́л, а на про́шлой неде́ле бра́ту Семёну Семёнычу уж и пятьсо́т предложи́л. Я себе́ оста́вил.

— Да э́то... ко́пия с Га́нса Гольбе́йна, — сказа́л князь. — И хоть я знато́к небольшо́й, но, ка́жется, отли́чная ко́пия. Я э́ту карти́ну за грани́цей ви́дел и забы́ть не могу́.

— А что, Лев Никола́ич, ве́руешь[2] ты в Бо́га иль нет? — вдруг заговори́л опя́ть Рого́жин.

— Как ты стра́нно спра́шиваешь и... гляди́шь? — заме́тил князь нево́льно.

— А на э́ту карти́ну я люблю́ смотре́ть, — пробормота́л, помолча́в, Рого́жин, то́чно опя́ть забы́в свой вопро́с.

— На э́ту карти́ну! — закрича́л вдруг князь. — Да

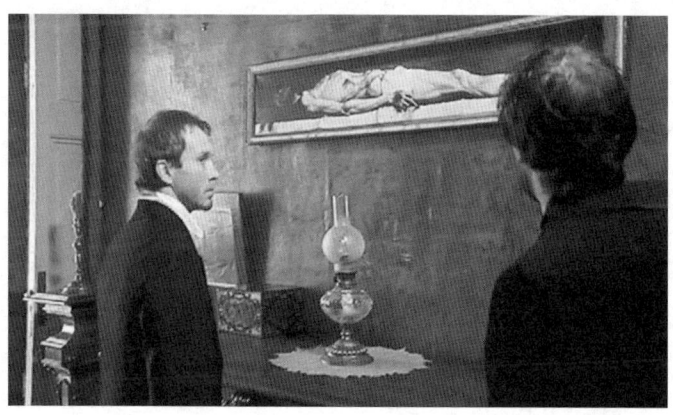

от этой картины вера может пропасть!

— Пропадает, — неожиданно подтвердил вдруг Рогожин. Они дошли уже до самой выходной двери.

— Как? — остановился князь, — да что ты! К чему ты меня спросил: верую ли я в Бога?

— Да ничего, так. Многие ведь сейчас не веруют.

— Прощай же, — сказал князь, подавая руку.

Он повернулся и пошёл вниз по лестнице.

— Лев Николаевич! — крикнул сверху Парфён. — Крест твой на тебе?

— Да, на мне. — И князь опять остановился.

— Отдай мне, — сказал Рогожин.

— Зачем? Разве ты...

— Носить буду, а свой тебе сниму, ты носи.

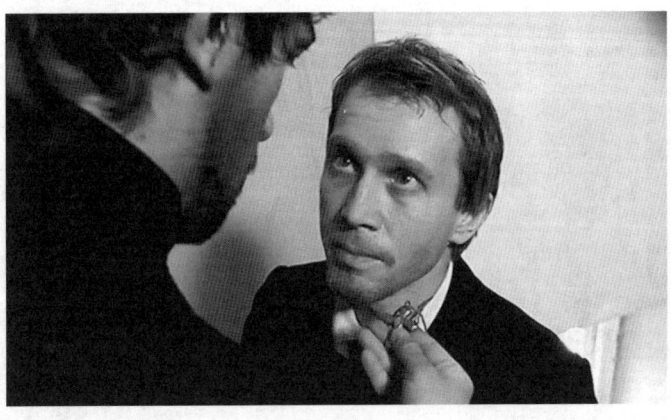

— Поменяться крестами хочешь? Пожалуйста, Парфён, если так, я рад; побратаемся!

Князь снял свой простой крест, Парфён свой золотой, и поменялись. Парфён помолчал. Потом открыл дверь.

Комментарии

1   Спаситель — Иисус Христос
2   веровать (в кого) — верить в существование Бога, ср. верить (кому)

Вопросы

- Какая картина висела у Рогожина над дверью?
- Почему князь обратил внимание на картину Ганса Гольбейна?
- О чём спросил Рогожин князя?
- Что он предложил князю? Почему?

V

Было уже поздно, почти половина третьего, и Епанчина князь не застал дома.

Уединение стало ему невыносимо; новое чувство охватило его сердце. Он взял билет в Павловск и с нетерпением спешил уехать. Почти уже садясь в вагон, он вдруг бросил взятый билет на пол и вышел из вокзала смущённый и задумчивый. Болезненное состояние его всё более и более усиливалось. Гроза надвигалась. Начинался уже отдалённый гром. Становилось очень душно...

Он уже был на Петербургской, близко от её дома. Он так давно не видал её, ему надо её увидеть, и... да, он желал бы теперь встретить Рогожина, он бы взял его за руку, и они бы пошли вместе... Сердце его чисто; разве он соперник[1] Рогожину? Может быть, он и найдёт её в Павловске!

Он вспо́мнил, как неда́вно му́чился, когда́ стал замеча́ть в ней при́знаки безу́мия. И как он мог оста́вить её, когда́ она́ бежа́ла от него́ к Рого́жину? Неуже́ли Рого́жин до сих пор не заме́тил в ней безу́мия? Сострада́ние и нау́чит Рого́жина. Сострада́ние есть са́мый гла́вный зако́н жи́зни. Как мра́чно сказа́л Рого́жин, что у него́ «пропада́ет ве́ра»! Э́тот челове́к до́лжен си́льно страда́ть. Он хо́чет си́лой верну́ть свою́ поте́рянную ве́ру. Кака́я стра́нная э́та карти́на Гольбе́йна... А, вот э́та у́лица! Вот, должно́ быть, и дом, так и есть. Князь позвони́л и спроси́л Наста́сью Фили́пповну.

Хозя́йка отве́тила ему́, что Наста́сья Фили́пповна ещё с утра́ уе́хала в Па́вловск. Князь пошёл наза́д в свою́ гости́ницу. Он опя́ть шёл бле́дный, сла́бый, страда́ющий, взволно́ванный.

Он стоя́л уже́ у свое́й гости́ницы... В воро́тах бы́ло о́чень темно́. Приближа́лась грозова́я ту́ча. Он бы́стро пошёл домо́й и вдруг уви́дел в глубине́ воро́т, в полутемноте́, у са́мого вхо́да на ле́стницу, одного́ челове́ка. Челове́ка э́того князь не мог разгляде́ть я́сно, но почу́вствовал, что э́тот челове́к непреме́нно Рого́жин. Князь побежа́л вслед за ним на ле́стницу. Се́рдце его́ за́мерло.

Ле́стница была́ ка́менная, тёмная, у́зкая. Он сде́лал

уже́ оди́н шаг... зате́м вдруг потеря́л созна́ние, и наступи́л по́лный мрак.

С ним случи́лся припа́док боле́зни, давно́ оста́вившей его́. Уви́дев, что князь вдруг упа́л на́взничь[3], пря́мо вниз по ле́стнице, с разма́ху[4] уда́рившись заты́лком о ка́менную ступе́нь, Рого́жин мгнове́нно бро́сился вниз, обежа́л лежа́вшего и почти́ без па́мяти вы́бежал из гости́ницы.

На тре́тий день князь был в Па́вловске.

Коммента́рий

1 сопе́рник — конкуре́нт

2 сострада́ние — о́строе чу́вство жа́лости

3 на́взничь — на спи́ну, лицо́м вверх

Вопросы

- Почему́ князь не смог уе́хать в Па́вловск?
- Кого́ уви́дел князь в воро́тах свое́й гости́ницы?
- Заче́м Рого́жин пришёл к кня́зю?
- Что случи́лось с кня́зем?
- Почему́ Рого́жин вы́бежал из гости́ницы?
- Где был Мы́шкин через не́сколько дней по́сле припа́дка?

VI

Да́ча Ле́бедева была́ небольша́я, но удо́бная и да́же краси́вая. Больно́му, тоску́ющему кня́зю да́ча о́чень понра́вилась. Ле́бедев хоть и говори́л всем, что больно́му необходи́мо споко́йствие, но сам входи́л к кня́зю чуть не помину́тно.

— Вы то́чно меня́ купи́ли, — протестова́л[1] князь. — Я бу́ду принима́ть кого́ уго́дно.

— Без сомне́ния, — отве́тил Ле́бедев.

— Это кого́ вы ко мне не пуска́ли час наза́д?

— Изве́стная осо́ба сейча́с дала́ знать, что жела́ла бы с ва́ми секре́тное свида́ние име́ть.

— Почему́ же секре́тное? Совсе́м нет. Я у неё бу́ду сам, хоть сего́дня.

— Нет, — сказа́л Ле́бедев, — и не того́ она́ бои́тся, о ком вы поду́мали. Да, он ка́ждый день прихо́дит, о здоро́вье ва́шем спра́шивает. Осо́ба изве́стная не его́, а соверше́нно друго́го бои́тся.

— Да чего́ же, говори́те скоре́й, — спра́шивал князь с нетерпе́нием.

— Агла́и Ива́новны бои́тся.

Епанчины́ узна́ли о боле́зни кня́зя и о том, что он в Па́вловске, то́лько сейча́с. Они́ поспеши́ли с визи́том.

До да́чи Ле́бедева от Епанчины́х бы́ло не бо́лее трёхсо́т шаго́в. Пе́рвое неприя́тное впечатле́ние Лизаве́ты Проко́фьевны у кня́зя бы́ло встре́тить вокру́г него́ це́лую компа́нию госте́й, в том числе́ Га́ню; второ́е — удивле́ние при ви́де соверше́нно здоро́вого на вид, мо́дно оде́того и смею́щегося молодо́го челове́ка вме́сто умира́ющего. Она́ да́же останови́лась от удивле́ния.

— Я ду́мала, князь, тебя́ чуть не в посте́ли заста́ть, и неприя́тно мне ста́ло сейча́с смотре́ть на твоё счастли́вое лицо́, но э́то была́ всего́ мину́та. Надо́лго ли к

нам? — обратилась к князю Лизавета Прокофьевна.

— На всё лето и, может быть, дольше.

— Ты ведь один? Не женат?

— Нет, не женат, — улыбнулся князь.

— Улыбаться нечего; это бывает. Зачем не к нам переехал? У нас целый флигель пустой, — прибавила она вполголоса, кивнув на Лебедева.

Князь оценил всю степень участия к нему генеральши и её дочерей и сообщил им искренно, что сам сегодня же хотел явиться к ним, несмотря на болезнь свою и на поздний час. Лизавета Прокофьевна ответила, что это и сейчас можно выполнить.

Ганя в те же несколько минут, которые он пробыл

на терра́се при Епанчины́х, держа́л себя́ скро́мно, с досто́инством[2]. Мо́жно бы́ло поду́мать зна́вшим его́ пре́жде, что он о́чень измени́лся. Это о́чень понра́вилось Агла́е.

— Ведь э́то Гаври́ла Ардалио́нович вы́шел? — спроси́ла она́ вдруг гро́мко.

— Он, — отве́тил князь.

— Едва́[3] узна́ла его́. Он о́чень измени́лся и... гора́здо к лу́чшему.

— Я о́чень рад за него́, — сказа́л князь.

— Чем э́то измени́лся к лу́чшему? — спроси́ла Лизаве́та Проко́фьевна.

— Лу́чше «ры́царя бе́дного» ничего́ нет! — торже́ственно объяви́ла Аделаи́да.

— Како́го «ры́царя бе́дного»? — спроси́ла генера́льша с удивле́нием, но уви́дев, что Агла́я покрасне́ла, приба́вила: — Како́й тако́й «ры́царь бе́дный»?

— Есть одно́ стра́нное ру́сское стихотворе́ние, — сказа́л оди́н из госте́й. — Про «ры́царя бе́дного», отры́вок без нача́ла и конца́. С ме́сяц наза́д все иска́ли, по обыкнове́нию, сюже́т для бу́дущей карти́ны Аделаи́ды Ива́новны. Тут и нашли́ «ры́царя бе́дного», кто пе́рвый, не по́мню... Но чтоб изобрази́ть «ры́царя бе́дного», на́до бы́ло лицо́; ста́ли перебира́ть ли́ца всех знако́мых, ни одно́ не вспо́мнили, на э́том де́ло и зако́нчилось.

— Но́вая глу́пость, — сказа́ла Лизаве́та Проко́фьевна.

— Никако́й нет глу́пости, кро́ме глубоча́йшего уваже́ния, — неожи́данно ва́жным и серьёзным го́лосом сказа́ла Агла́я. — В стиха́х э́тих изображён челове́к, спосо́бный име́ть идеа́л, пове́рить ему́, а пове́рив, отда́ть ему́ свою́ жизнь. Там не ска́зано, в чём состоя́л идеа́л «ры́царя бе́дного», но ви́дно, что э́то был «о́браз чи́стой красоты́». Пра́вда, есть там бу́квы Н, Ф, Б, кото́рые он написа́л на щите́[4] своём...

Э́тому бе́дному ры́царю уже́ всё равно́ ста́ло: кто была́ и что сде́лала его́ да́ма. Дово́льно того́, что он её вы́брал и пове́рил её чи́стой красоте́. В «ры́царе бе́дном» э́то чу́вство дошло́ до после́дней сте́пени, до аскети́зма. «Ры́царь бе́дный» тот же Дон-Кихо́т, то́лько не смешно́й. Я снача́ла не понима́ла и смея́лась, а тепе́рь люблю́ «ры́царя бе́дного», а гла́вное, уважа́ю его́ по́двиги[5].

— Ну, дура́к и он, и его́ по́двиги! — реши́ла генера́льша. — Каки́е стихи́? Прочти́!

В ту са́мую мину́ту, как то́лько Агла́я начала́ читать известные стихи, два новых гостя вошли на террасу. Это были генерал Епанчин со спутником.

Аглая даже не оглянулась на гостя и продолжала читать стихи, смотря на одного князя:

Жил на свете рыцарь бедный,

Молчаливый и простой,

С виду сумрачный и бледный,

Духом смелый и прямой...

Он до гроба ни с одною

Молвить[6] слова не хотел...

— Какая прелесть! — сказала генеральша. — Чьи стихи?

— Пушкина, мама, как не стыдно! — ответила Аде-

лайда.

— Да с вами и не такой дурой сделаешься! — сказала Лизавета Прокофьевна. — Аглая, иди сюда! Поцелуй меня, ты прекрасно прочла, но — если ты искренно прочла, — прибавила она почти шёпотом, — то я тебя жалею; если ты в насмешку ему прочла, то я твои чувства не одобряю. Я ещё с тобой поговорю, а мы тут засиделись.

Между тем князь здоровался с генералом Иваном Фёдоровичем, который представлял ему своего спутника.

Разговор сделался общим. Скоро гости разошлись.

Комментарий

1 протестовать — не соглашаться с чем-л.

2 достоинство — уважение к себе

3 едва — с трудом

4 щит — орудие для защиты от ударов

5 подвиг — важное по своему значению действие, совершённое в трудных и опасных для жизни условиях

6 молвить — сказать

Вопросы

- Где князь жил в Павловске?
- Как Лебедев заботился о князе?

- Кто навещал князя во время его болезни?
- Кто и почему назначил князю секретное свидание?
- Почему Лизавете Прокофьевне стало неприятно, когда она навестила князя? Как он выглядел?
- Кто такой «рыцарь бедный»? Кого имела в виду Аделаида?

VII

В один из следующих дней князь ждал посещения Гаврилы Ардалионовича.

Он пришёл в седьмом часу. С Ганей у князя были отношения особенные. Князю казалось иногда, что Ганя, может быть, и желал самой полной и дружеской искренности. Но если Ганя ждал нетерпеливых вопросов, дружеских бесед, то ошибся. Во все двадцать минут его посещения князь был очень задумчив. Ганя рассказал между прочим, что Настасья Филипповна всего только дня четыре в Павловске и уже обращает на себя общее внимание. Живёт она где-то в Матросской улице, в маленьком старом домике, а экипаж её чуть не первый[1] в Павловске. Вокруг неё уже собралась целая толпа́ ста́рых и молоды́х покло́нников. Она́ ча́сто берёт с собо́й ката́ться преле́стную де́вочку шестна́дцати лет, да́льнюю ро́дственницу хозя́йки да́чи; де́вочка хорошо́ поёт,— так что по вечера́м их до́мик обраща́ет на себя́ внима́ние. Наста́сья Фили́пповна де́ржит себя́ чрезвыча́йно поря́дочно, одева́ется про́сто, но с необыкнове́нным вку́сом, и все да́мы её «вку́су, красоте́ и экипа́жу зави́дуют».

Га́ня ушёл, и князь был рад, что его́ оста́вили одного́; он вы́шел с терра́сы и пошёл в парк; ему́ хоте́лось обду́мать оди́н шаг. Но э́тот «шаг» был из тех, на кото́рые про́сто не реша́ются.

Бы́ло семь часо́в пополу́дни[2]. Вдруг Лизаве́та Проко́фьевна одна́ вошла́ к нему́ на терра́су.

— Мо́жно тебя́ спроси́ть: мог ты присла́ть ме́сяца два или два с полови́ной тому́ наза́д к Агла́е письмо́?

— Пи-писа́л.

— С како́ю же це́лью? Что бы́ло в письме́? Покажи́ письмо́!

Глаза́ Лизаве́ты Проко́фьевны горе́ли от нетерпе́ния.

— У меня́ нет письма́, — удиви́лся князь, — е́сли есть и це́ло ещё, то у Агла́и Ива́новны.

— О чём писа́л?

— Я не ви́жу причи́ны, почему́ мне не писа́ть...

— Молчи́! Пото́м бу́дешь говори́ть. Что бы́ло в письме́? Почему́ покрасне́л?

Князь поду́мал.

— Я не зна́ю ва́ших мы́слей, Лизаве́та Проко́фьевна. Ви́жу то́лько, что письмо́ э́то вам о́чень не нра́вится. Согласи́тесь, я мог бы отказа́ться отвеча́ть на вопро́с; но что́бы показа́ть вам, что я не бою́сь и не сожале́ю, что написа́л, и не красне́ю за него́ (князь покрасне́л ещё чуть не вдво́е бо́лее), я вам прочту́ э́то письмо́, потому́ что по́мню его́ наизу́сть.

Сказа́в э́то, князь прочита́л э́то письмо́ почти́ сло́во в сло́во, как оно́ бы́ло.

— Какая галиматья[3]! Что же всё это может означать? — спросила Лизавета Прокофьевна, выслушав письмо с необыкновенным вниманием.

— Сам не знаю; знаю, что чувство моё было вполне искреннее. Мне очень вдруг на родине понравилось. В одно солнечное утро я взял перо и написал к ней письмо; почему к ней — не знаю. Мне, видно, друга захотелось...

— Влюблён ты, что ли?

— Н-нет. Я... как сестре писал; я и подписался братом.

— Верно говоришь?

— Кажется, совершенно верно.

— Ишь ты, «кажется»! Аглая — девка[4] самовластная, сумасшедшая, избалованная[5].; я такая же была. Только не торжествуй[6], голубчик, не твоя; никогда не будет! Слушай, поклянись[8], что ты не женат на этой.

— Что вы? — закричал князь от изумления.

— Да ведь чуть не женился?

— Чуть не женился, — прошептал князь и опустил голову.

— В неё, что ли, влюблён? Теперь для неё приехал? Для этой?

— Я приехал не для того, чтобы жениться.

— Есть у тебя что-нибудь святое[7] на свете?

— Есть.

— Поклянись, что не для того, чтобы жениться на той.

— Клянусь, чем хотите!

— Верю; поцелуй меня. Наконец-то я вздохнула свободно; но знай: не любит тебя Аглая, и не бывать ей за тобой, пока я на свете живу! Я всё ещё верю, что сам Бог тебя мне как друга и как родного брата прислал. О Гавриле Иволгине ничего не знаешь?

— То есть... много знаю.

— Знал или нет, что он в отношениях с Аглаей?

— Совсем не знал, — удивился князь. — Быть не может! Я не верю, — твёрдо повторил князь после некоторого размышления и волнения. — Если б это было, я бы знал точно.

— Думаешь, он бы сам пришёл, да на груди твоей признался в слезах! Эх ты, простофиля[9]! Все-то тебя обманывают... Неужели ты не видишь, что он тебя кругом облапошил[10]?

— Я знаю, что он меня иногда обманывает, — неохотно сказал князь.

— Знать и доверяться! Впрочем, от тебя так и быть должно́. А зна́ешь, что э́тот Га́нька Агла́ю с Наста́сьей Фили́пповной подружи́л?

— Не ве́рю! С како́ю же це́лью?

Он вскочи́л со сту́ла.

— И я не ве́рю. Де́вка сумасше́дшая! Де́вка зла́я! Но то́же не ве́рю! Не хочу́ ве́рить, — приба́вила она́ как бу́дто про себя́. — Почему́ ты не приходи́л? — вдруг оберну́лась она́ опя́ть к кня́зю. — Все три дня почему́ не приходи́л? — нетерпели́во кри́кнула она́ ему́ второ́й раз. — Бо́льше не смей приходи́ть ко мне!

— А че́рез три дня са́ми придёте и позовёте к себе́... Ну как вам не сты́дно? Мне и без вас уже́ запрещено́ ходи́ть к вам, — кри́кнул князь ей вслед.

— Что-о? Кто тебе́ запрети́л? Когда́? Да говори́ же!!!

— Сего́дня у́тром присла́ла, чтоб я никогда́ не смел к вам ходи́ть. Я запи́ску получи́л.

— Где? Дава́й! Сейча́с!

Князь поду́мал, вы́нул из карма́на листо́чек бума́ги, на кото́ром бы́ло напи́сано:

«Князь Лев Никола́евич! Е́сли по́сле всего́, что бы́ло, вы хоти́те удиви́ть меня́ посеще́нием на́шей да́чи, то меня́, бу́дьте уве́рены, не найдёте в числе́ обра́дованных. Аглая Епанчина».

Лизавета Прокофьевна обдумывала с минуту; потом вдруг бросилась к князю, схватила его за руку и потащила за собой.

— Сейчас! Иди! Нарочно сейчас, сию минуту!
— Но...
— Точно и не мужчина! Ну, теперь я сама всё увижу, своими глазами... Ей посмеяться надо над кем-то, вот она зачем тебя просит! Того ты и стоишь. А она умеет, о, как она умеет!..

Комментарий

чуть не первый — здесь: один из самых лучших

семь часов пополудни — семь часов вечера

галиматья — разг. бессмыслица

девка — здесь: разг. — девушка

избалованный — привыкший к исполнению своих желаний, капризный

торжествовать — здесь: радоваться приятному событию

святое — здесь: очень дорогое, самое важное

поклясться — торжественно обещать что-л., дать слово

простофиля — тот, кто глуп и верит всему, что ему говорят

облапошить — разг. обмануть

Вопро́сы

- Что рассказа́л Га́ня кня́зю?
- Заче́м Лизаве́та Проко́фьевна пришла́ к кня́зю? Что её беспоко́ило?
- Кто подружи́л Наста́сью Фили́пповну с Агла́ей Епанчино́й?
- Почему́ князь реши́л прочита́ть Лизаве́те Проко́фьевне письмо́, кото́рое он написа́л Агла́е?
- В чём покля́лся князь Лизаве́те Проко́фьевне?
- Что сообщи́ла Лизаве́та Проко́фьевна кня́зю?
- Почему́ князь не мог прийти́ к Епанчины́м?
- Какой была́ реа́кция Лизаве́ты Проко́фьевны на запи́ску Агла́и?
- Как она́ объясни́ла чу́вства Агла́и?
- Почему́ в ре́чи Лизаве́ты Проко́фьевны в э́том эпизо́де так мно́го разгово́рных слов? Что вы мо́жете сказа́ть о сти́ле запи́ски Агла́и?

ЧАСТЬ ТРЕТЬЯ

I

В последнее время Лизавета Прокофьевна стала находить виноватой во всех событиях одну себя и свой «несчастный» характер. Всего более мучило её подозрение, что и дочери её становятся такие же точно «чудачки[1]». «Зачем они замуж не выходят?» — спрашивала она себя.

Главным и постоянным мучением её была Аглая.

«И как смели мне анонимное письмо написать про эту ужасную Настасью, что она с Аглаей встречается?» — думала Лизавета Прокофьевна всю дорогу, пока вела за собой князя; «Да я бы умерла со стыда, если бы поверила хоть капельку! Но почему Аглая три дня была в истерике, почему с сёстрами ссорилась[3]? Почему она Гаврилу Иволгина хвалить принялась и расплакалась? И зачем я к Мышкину теперь прибежала, и сама же его сюда привела? Господи, хорошо ещё, что он идиот и... друг дома! Во все глаза на него смотрит, молчит, не уходит, а сама же не разрешила ему приходить... Он весь бледный сидит».

Князь действительно сидел бледный и был в одно и то же время в страхе и непонятном ему самому счастье. О, как он боялся взглянуть в ту сторону, откуда внимательно смотрели на него два чёрных глаза, и как замирал он от счастья, что сидит здесь опять между ними, слышит знакомый голос — после того, что она ему написала. Тема разговора не нравилась всем за столом.

— Позвольте, — говорил один гость, — я ничего не говорю против либерализма. Либерализм не грех[2]; либерализм имеет такое же право существовать, как и консерватизм; но я на русский либерализм нападаю, русский либерал есть не русский либерал. У нас до сих пор либералы были из двух сословий, аристократы и духовенство. А так как оба сословия превратились наконец в нечто совершенно от нации отдельное, то и всё то, что они делали и делают, было совершенно не национальное...

— Значит, всё что сделано — не русское? — не согласился другой гость.

— Хоть и по-русски, но не национальное; и либералы у нас не русские, и консерваторы не русские, все...

— Неуже́ли и в литерату́ре ничего́ не́ было национа́льного? — переби́ла Алекса́ндра.

— Я в литерату́ре не ма́стер, но и ру́сская литерату́ра, по-мо́ему, вся не ру́сская, кро́ме ра́зве Ломоно́сова, Пу́шкина и Го́голя.

— Во-пе́рвых, э́то не ма́ло, а во-вторы́х, оди́н из наро́да, а други́е два — аристокра́ты, — засмея́лась Аделаи́да.

— Так как э́тим трои́м из всех ру́сских писа́телей удало́сь сказа́ть ка́ждому не́что действи́тельно своё, ни у кого́ не заи́мствованное, то тем са́мым э́ти тро́е и ста́ли то́тчас национа́льными. Но мы заговори́ли о социали́стах; я утвержда́ю, что у нас нет ни одного́ ру́сского социалиста. Дайте мне их учения, их мемуары, и я берусь написать убедительнейшую критику, в которой докажу, что каждая страница их книг написана прежним русским аристократом. Вы опять смеётесь, и вы смеётесь, князь?

Действительно, все смеялись, усмехнулся и князь.

— Я не могу ещё сказать, согласен я или не согласен, — сказал князь, — но слушаю вас с чрезвычайным удовольствием...

Говоря это, он чуть не задыхался, и даже холодный пот выступил у него на лбу. Это были первые слова, произнесённые им с тех пор, как он тут сидел.

— Я вам скажу факт, — продолжал гость. — Либерализм всегда есть нападение на существующие порядки вещей. Ну так русский либерализм есть нападение на саму Россию. Мой либерал дошёл до того, что отрицает саму Россию. Он ненавидит народные обычаи, русскую историю. Он не понимает, что делает, и свою ненависть к России принимает за либерализм. Эту ненависть к России некоторые либералы наши принимали чуть не за любовь к отечеству[4]; но теперь стали откровеннее и даже слова «любовь к отечеству» устранили[5].

— Я всех либера́лов не вида́ла, — сказа́ла Алекса́ндра Ива́новна, — но не согла́сна с ва́ми: вы взя́ли ча́стный слу́чай.

— Ча́стный слу́чай? Князь, как вы ду́маете: ча́стный э́то слу́чай или нет?

— Я ма́ло ви́дел и ма́ло был... с либера́лами, — сказа́л князь, — но мне ка́жется, что вы не́сколько пра́вы, и ру́сский либерали́зм действи́тельно предпочита́ет ненави́деть Росси́ю. Коне́чно, э́то не мо́жет быть для всех справедли́во... Искаже́ние иде́й и поня́тий встреча́ется о́чень ча́сто, э́то гора́здо бо́лее о́бщий, чем ча́стный слу́чай. Но я вот что заме́тил при э́том: са́мый стра́шный уби́йца всё-таки зна́ет, что он престу́пник, то есть счи-

тает, что он нехорошо поступил, хоть и безо всякого раскаяния[6]. А новые молодые люди не хотят себя считать преступниками и думают про себя, что право имели и... даже хорошо поступили. Вот в этом разница. И всё это молодёжь.

Князь заметил, что Аглая подошла к столу. Он не смел на неё посмотреть, но чувствовал, что она на него смотрит.

— Для чего вы это здесь говорите? — вдруг воскликнула Аглая. — Для чего вы это им говорите? Им! Здесь ни одного нет, который бы стоил таких слов! Здесь все не стоят вашего мизинца, ни ума, ни сердца вашего! Вы честнее всех, лучше всех, добрее всех, ум-

нее всех! Здесь есть недостойные люди, чтобы нагнуться и поднять платок, который вы сейчас уронили... Для чего вы себя унижаете?

Прокричав это, Аглая залилась слезами, закрыла лицо платком и упала на стул.

Князь приблизился к Аглае. Она отняла платок, которым закрывала лицо, взглянула на него и вдруг расхохоталась так весело и неудержимо, что Аделаида первая бросилась к сестре, обняла её и захохотала таким же школьнически-весёлым смехом, как и та. Глядя на них, вдруг стал улыбаться и князь и с радостным и счастливым выражением стал повторять:

— Ну, слава богу, слава богу!

Тут уже не выдержала и Александра и захохотала от всего сердца.

— Пойдёмте гулять! — кричала Аделаида. — Все вместе и обязательно князь с нами; незачем вам уходить, милый вы человек! Что за милый он человек, Аглая! Не правда ли, мамаша? К тому же я обязательно должна его поцеловать и обнять. Мама, милая, разрешите мне поцеловать его? Аглая! Разреши мне поцеловать твоего князя!

— Идёмте же! — звала Аглая. — Князь, вы меня

поведёте. Мо́жно э́то, ма́ма? Да не так, не так подаю́т ру́ку да́ме. Вот так, мы пойдём впереди́ всех.

Но зага́дки Агла́и Ива́новны ещё не ко́нчились в э́тот ве́чер. После́дняя пришла́сь на до́лю уже́ одного́ кня́зя. Когда́ отошли́ шаго́в сто от да́чи, Агла́я бы́стрым полушёпотом сказа́ла своему́ молча́вшему кавале́ру:

— Погляди́те напра́во. Ви́дите ту скаме́йку, в па́рке, где три больши́е де́рева... зелёная скаме́йка?

Князь отве́тил, что ви́дит.

— Я иногда́ ра́но, часо́в в семь утра́, сюда́ одна́ прихожу́ сиде́ть. А тепе́рь иди́те от меня́, я не хочу́ с ва́ми бо́льше идти́ под руку.

Ве́чер был преле́стный. Все места́ о́коло орке́стра[7] бы́ли за́няты. На́ша компа́ния усе́лась на сту́льях не́сколько в стороне́, близ вы́хода. Князь да́же и не замеча́л того́, что други́е разгова́ривают и любе́зничают с Агла́ей. Иногда́ ему́ хоте́лось уйти́, что́бы быть одному́ с свои́ми мы́слями.

Через мину́ту он беспоко́йно стал огля́дываться круго́м. Неуже́ли он забы́л о возмо́жной встре́че на вокза́ле?

Из бокового́ вы́хода, близ кото́рого сиде́ли князь и

вся компания Епанчиных, вдруг показалась целая толпа, человек десять. Впереди были три женщины; две из них были удивительно хороши собой. Одна из женщин шла впереди. Она по-прежнему смеялась и громко разговаривала; одета была с чрезвычайным вкусом и богато.

Князь не видел её три месяца. Все эти дни по приезде[8] в Петербург он собирался быть у неё; предчувствие останавливало его. Он не мог угадать предстоящее впечатление при встрече с нею. Одно было ясно ему — что встреча будет тяжёлая. Несколько раз вспоминал он в эти шесть месяцев то первое ощущение, которое произвело на него лицо этой женщины, ещё когда он

увидал его только на портрете; даже во впечатлении от портрета было много тяжёлого. Теперь, в мгновение её внезапного появления, он был уверен, что эта женщина — сумасшедшая. Если бы, любя женщину более всего на свете, вдруг увидеть её на цепи, за железной решёткой[9], — то такое впечатление было бы похоже с тем, что почувствовал теперь князь.

— Тут просто хлыст[10] надо, иначе ничего не сделаешь с этою тварью[11]! — громко сказал вдруг какой-то офицер, глядя на Настасью Филипповну.

Настасья Филипповна быстро повернулась к нему. Глаза её сверкнули; она изо всей силы ударила своего обидчика по лицу. Всё это произошло в одно мгновение... Офицер, не помня себя, бросился на неё. В эту минуту появившийся из толпы Рогожин быстро подхватил под руку Настасью Филипповну и повёл её за собой. Уводя Настасью Филипповну, он успел-таки злобно засмеяться в глаза офицеру и проговорить:

— Тью! Рожа[12]-то в крови!

Полиция приехала через пять секунд после того, как ушли последние действующие лица. Оркестр заиграл снова. Князь ушёл вслед за Епанчиными.

Комментарий

1. чудак, чудачка — странный человек
2. не грех — не преступление против морали
3. ссориться — ругаться, браниться
4. отечество — родина
5. устранить — ликвидировать, убрать
6. раскаяние — чувство вины за плохой поступок
7. все места около оркестра — вокзал в Павловске во времена Достоевского был известным концертным залом, в летние сезоны там выступали многие известные музыканты (Иоганн Штраус, Ференц Лист и другие)
8. по приезде — после приезда
9. за железной решёткой — в тюрьме, в клетке
10. хлыст — плётка, кнут
11. тварь — здесь: низкий, аморальный человек
12. рожа — грубо: лицо

Вопросы

- Что беспокоило Лизавету Прокофьевну?
- Как вёл себя князь?
- Что говорили гости о либерализме?
- Что думал князь о русском либерализме?
- Как реагировала на слова князя Аглая?
- Что сказала Аглая князю во время прогулки?
- Кого увидел князь на вокзале?
- Какая скандальная история случилась во время концерта?
- Чем закончился скандал?

II

Происшествие на вокзале взволновало и генеральшу Епанчину, и её дочек. В тревоге и в волнении Лизавета Прокофьевна чуть не бежала с дочерьми с вокзала всю дорогу домой. Мало-помалу¹ все собрались у Лизаветы Прокофьевны наверху, и на террасе остался один только князь. Он сидел в углу, сам не зная зачем; ему и в голову не приходило уйти. На террасу вдруг вышла Аглая; с виду она была спокойна, хотя несколько бледна́.

— Что вы тут де́лаете? — подошла́ она́ к кня́зю.

— Я не зна́ю...

— Ну как про э́то не знать! Ах да, послу́шайте: е́сли бы вас кто́-нибудь вы́звал на дуэ́ль², что бы вы сде́лали?

— Да... меня́ никто́ не вы́зовет на дуэ́ль.

— Ну е́сли бы вы́звали? Вы бы о́чень испуга́лись?

— Я ду́маю, что я о́чень... боя́лся бы.

— У вас пистоле́ты есть?

— Нет, и не на́до, — засмея́лся князь.

— Обяза́тельно купи́те, хоро́шие, францу́зские или англи́йские. Чего́ вы смеётесь? Я хочу́, чтобы вы ка́ждый день стреля́ли и обяза́тельно научи́лись в цель по-

падать. Сделаете?

Князь смеялся; Аглая зло топнула ногой. Её серьёзный вид несколько удивил князя. Но всё вылетело у него из ума, кроме одного того, что перед ним сидит она, а он на неё глядит.

— До свидания, — сказала Аглая и протянула князю руку. В ней оказалась записка.

Аглая ушла, и князь прочитал:

«Завтра в семь часов утра я буду на зелёной скамейке, в парке, и буду вас ждать. Я решила говорить с вами об одном чрезвычайно важном деле, которое касается прямо до вас.

P.S. Надеюсь, вы никому не покажете этой записки.

PP. SS. Это та самая зелёная скамейка, которую я вам недавно показала».

Комментарий

1 мало-помалу — понемногу, постепенно
2 вызвать на дуэль — предложить поединок один на один человеку, которого вызывающий считает бесчестным

> ## Вопросы
>
> · Куда пришли после эпизода на вокзале князь и Епанчины?
> · О чём говорила с князем Аглая?
> · Что было написано в записке Аглаи?

III

Князь был как в лихорадке. Он долго бродил по тёмному парку и, наконец, «нашёл себя» расхаживающим по одной аллее, начиная от скамейки до старого дерева, высокого и заметного. Он достал записку Аглаи из кармана и поцеловал её, но тотчас задумался:

«Как это странно!» — проговорил он даже с грустью. Он пристально осмотрелся кругом и удивился, что зашёл сюда. Он очень устал, подошёл к скамейке и сел на неё. Кругом была тишина. В парке не было никого. Ночь была тихая, тёплая, светлая.

Если бы кто сказал ему в эту минуту, что он влюбился, влюблён страстною любовью, то он с удивлением отказался бы от этой мысли. И если бы кто прибавил к тому, что записка Аглаи есть назначение любовного свидания, то он, может быть, вызвал бы его на дуэль.

Звук тихих шагов на песке аллеи заставил его поднять голову. Человек, лицо которого трудно было различить в темноте, подошёл к скамейке и сел около не-

го. Князь быстро придвинулся к нему и узнал бледное лицо Рогожина.

— Так и знал, что где-нибудь здесь бродишь, — пробормотал сквозь зубы Рогожин.

— Как ты... отыскал меня здесь? — спросил князь, чтобы что-нибудь выговорить.

— Я к тебе от неё: хочет тебя звать; что-то сказать тебе очень надо. Сегодня же и просила.

— Я приду завтра. Я сейчас домой иду; ты... ко мне?

— Зачем? Я тебе всё сказал; прощай.

— Не зайдёшь разве? — тихо спросил его князь.

— Чудной ты человек, Лев Николаич.

Рогожин усмехнулся.

— Почему? С чего у тебя такая злоба на меня? — грустно и с жаром спросил князь.

— Я тебя не люблю, Лев Николаич. Ты точно как ребёнок какой, захотелось игрушки — достань да положи, а дела не понимаешь. Разве я не верю тебе? Каждому твоему слову верю и знаю, что ты меня не обманывал никогда и впредь не обманешь; а я тебя всё-таки не люблю. Одного понять не могу: или любит тебя она, или... Говорит: «Хочу его счастливым видеть», — значит, любит.

— Она... не в своём уме, — сказал князь. — Слушай, Парфён, я сейчас здесь ходил и припомнил, что завтрашний день — день моего рождения. Теперь чуть ли не двенадцать часов. Пойдём, встретим день! Выпьем вина, пожелай мне того, чего я и сам не знаю теперь пожелать, именно ты пожелай, а я тебе твоего счастья полного пожелаю. Не то отдавай назад крест! Ведь не прислал же мне крест на другой-то день! Ведь на тебе?

— На мне, — проговорил Рогожин.

— Ну, и пойдём. Я без тебя не хочу мою новую жизнь встречать, потому что новая моя жизнь началась!

— Теперь сам вижу, что началась; так и ей передам.

Вопросы

- Где князь Мышкин неожиданно «нашёл себя»?
- С кем он встретился в парке?
- Почему Рогожин искал князя?
- Почему Рогожин, по его признанию, не любил князя?
- Куда и почему Мышкин пригласил Рогожина?
- Почему князь сказал, что у него началась новая жизнь?

IV

Подходя́ к свое́й да́че вме́сте с Рого́жиным, с удивле́нием заме́тил князь, что на его́ терра́се, я́рко освещённой, собрало́сь многочи́сленное о́бщество. Подня́вшись на терра́су, он уви́дел, что все пи́ли шампа́нское и, ка́жется, уже́ дово́льно давно́. Го́сти бы́ли все знако́мые кня́зя, но стра́нно бы́ло, что они́ собрали́сь все вме́сте, хотя́ князь никого́ не звал, а про свой день рожде́ния он и сам то́лько что вспо́мнил.

— Сказа́л кому́-нибудь, что шампа́нское поста́вишь, вот они́ и сбежа́лись, — проговори́л Рого́жин, входя́ за

князем на террасу.

Все встретили князя криками и пожеланиями, окружили его. Некоторые лица заинтересовали князя, среди них был один молодой человек, нездоровый на вид, по имени Ипполит.

Начался разговор, и Ипполит предложил вдруг прочитать одну свою статью. Гости после споров согласились послушать. Вначале, минут с пять, автор неожиданной статьи болезненно задыхался и читал неровно, но потом голос его отвердел и стал вполне передавать смысл прочитанного.

Вот эта «статья»:

Последнее объяснение

Вчера утром был у меня князь; он уговорил меня переехать на свою дачу. Я так и знал, что он будет на этом настаивать[1], и уверен был, что он так прямо и скажет мне, что мне на даче будет «легче умирать между людьми и деревьями». Но сегодня он не сказал умирать, а сказал «будет легче прожить», что, однако же, почти всё равно для меня, в моём положении. Я опять заметил ему, смеясь, что он говорит как материалист. Он ответил мне со своей улыбкой, что он и всегда был материалист. Так как он никогда не обманывает, то эти слова что-нибудь да значат. Улыбка его хороша; я разглядел его теперь внимательнее. Я не знаю, люблю или не люблю я его теперь; теперь мне некогда об этом думать.

Мне нужно поспешить и кончить моё это «объяснение» обязательно завтра. Поэтому у меня не будет времени перечитать.

Если бы ещё два месяца тому назад мне пришлось, как теперь, оставлять совсем мою комнату, то, я уверен, мне было бы грустно. Теперь же я ничего не ощущаю, а между тем завтра оставляю комнату навсегда! Поэтому убеждение моё, что двух недель не стоит уже жалеть.

Неделю назад ко мне приводили студента Кислородова; по убеждениям своим он материалист, атеист и нигилист, вот почему я именно его и позвал; мне надо было человека, чтобы сказал мне, наконец, правду. Так он и сделал, и не только с готовностью и без церемонии, но даже с видимым удовольствием (что, по-моему, уже лишнее). Он сказал мне прямо, что мне осталось около месяца; может быть, несколько больше, если будут хорошие обстоятельства, но, может быть, даже и намного раньше умру. Что он не ошибся в том, я совершенно уверен.

Идея о том, что не стоит жить несколько недель, стала появляться у меня, я думаю, с месяц назад, когда мне оставалось жить ещё четыре недели, но совершенно заинтересовала меня только три дня назад. И вот в эти-то часы и появилось во мне «последнее убеждение». Удивляюсь теперь, каким образом я мог жить целые шесть месяцев без этого «убеждения»! Я знал, что у меня болезнь, и неизлечимая; я не обманывал себя и понимал дело ясно. Но чем яснее я его понимал, тем больше мне хотелось жить; жить во что бы то ни стало[2]. Зачем я действительно начинал жить, зная, что мне уже нельзя начинать; пробовал, зная, что мне уже нечего пробовать? А между тем я даже книги не мог прочесть и перестал читать; к чему читать, к чему узнавать на шесть месяцев? Эта мысль заставляла меня не раз бросать книгу.

Вспоминаю теперь, с каким интересом я стал следить тогда за их жизнью; такого интереса прежде не бывало. Я с нетерпением ждал иногда гостей, когда сам становился так болен, что не мог выходить из комнаты. Я так интересовался всякими слухами, что, кажется, сделался сплетником[3]. Я не понимал, например, как э́ти лю́ди, име́я сто́лько жи́зни, не уме́ют сде́латься богача́ми (впро́чем, не понима́ю и тепе́рь). Я знал одного́ бедняка́, про кото́рого мне пото́м расска́зывали, что он у́мер с го́лоду, и, по́мню, э́то разозли́ло меня́: е́сли бы мо́жно бы́ло э́того бедняка́ оживи́ть, я бы, ка́жется, казни́л его́. Мне иногда́ станови́лось ле́гче на це́лые неде́ли, и я мог выходи́ть на у́лицу; но у́лица ста́ла, наконе́ц, производи́ть во мне тако́е озлобле́ние, что я по це́лым дням сиде́л в ко́мнате, хотя́ и мог выходи́ть, как и все. Я не мог выноси́ть э́того ве́чно озабо́ченного и встрево́женного наро́да, кото́рый проходи́л о́коло меня́. Кто винова́т, что они́ несча́стны и не уме́ют жить, име́я впереди́ по шести́десяти лет жи́з-

ни?

О, как я мечта́л тогда́, как жела́л, как наро́чно жела́л, что́бы меня́, восемнадцатиле́тнего, едва́ оде́того, вы́гнали вдруг на у́лицу и оста́вили соверше́нно одного́, без кварти́ры, без рабо́ты, без куска́ хле́ба, без ро́дственников, без еди́ного знако́мого челове́ка в огро́мном го́роде, голо́дного, приби́того (тем лу́чше!), но здоро́вого, и тут-то бы я показа́л...

Что показа́л? Когда́ я́сно, что мне да́же и грамма́тику гре́ческую нельзя́ изуча́ть: «ещё до си́нтаксиса не дойду́, как помру́», поду́мал я с пе́рвой страни́цы и бро́сил кни́гу на стол. Она́ и тепе́рь там лежи́т.

Пусть тот, кому́ попадётся в ру́ки моё «Объясне́ние» и у кого́ хва́тит терпе́ния проче́сть его́, сочтёт меня́ за сумасше́дшего, и́ли да́же за гимнази́ста, а верне́е всего́, за приговорённого к сме́рти, кото́рому ста́ло каза́ться, что все лю́ди, кро́ме него́, сли́шком жи́знью не дорожа́т, сли́шком дёшево ста́ли тра́тить её, сли́шком бессо́вестно ей по́льзуются, а поэ́тому все до еди́ного недосто́йны её! И что же? Я объявля́ю, что чита́тель мой ошибётся и что убежде́ние моё соверше́нно незави́симо от моего́ сме́ртного пригово́ра. Спроси́те, спроси́те их то́лько, как они́ все, все до одного́ понима́ют, в чём счастье? О, будьте уверены, что Колумб был счастлив не тогда, когда открыл Америку, а когда открывал её; будьте уверены, что самый высокий момент его счастья был, может быть, ровно за три дня до открытия Нового Света. Колумб умер, почти не видя его и не зная, что он открыл. Дело в жизни, в одной жизни, — в открывании её, беспрерывном и вечном, а совсем не в открытии! Но что говорить! Я думаю, что всё, что я говорю теперь, так похоже на самые общие фразы, что меня примут за ученика младшего класса или скажут, что я, может быть, и хотел что-то высказать, но при всём моём желании не сумел... Но однако ж, прибавлю, что во всякой гениальной мысли, во всякой серьёзной человеческой мысли всегда останется нечто такое, чего никак нельзя передать другим людям ; всегда останется нечто, что останется при вас навеки; с тем вы и умрёте, не передав никому, может быть, самого главного из вашей идеи.

Когда я дойду до этих строк, то наверно уж взойдёт солнце. Пусть! Я умру, прямо смотря на источник силы и жизни, и не захочу этой жизни! Я ещё имею власть умереть. Не великая власть, не великий и протест.

Последнее объяснение: я умираю вовсе не потому, что не в силах перенести эти три недели. Может быть, самоубийство есть единственное дело, которое я ещё могу успеть начать и окончить по собственной воле моей. Протест иногда не малое дело...»

«Объяснение» было окончено; Ипполит, наконец, остановился...

Сам по себе этот восемнадцатилетний, измученный болезнью мальчик казался слаб как сорванный с дерева дрожащий листик; но как только он остановился, он тот час же оглядел своих слушателей самым высокомерным, самым презрительным взглядом. Но и слушатели с шумом и обидой вставали из-за стола.

Вдруг Ипполит быстро вскочил со стула.

— Солнце взошло! — вскричал он. — Взошло!

— А вы думали не взойдёт, что ли? — заметил кто-то из гостей.

— Я понимаю, господа,— начал Ипполит, по-прежнему волнуясь, — что замучил вас своим чтением!

— Да он сейчас застрелится, что же вы! Посмотрите на него! — вскрикнула Вера и подбежала к Ипполиту в чрезвычайном испуге. — Ведь он сказал, что на восходе солнца застрелится, что же вы!

— Не застре́лится! — зло пробормота́ло не́сколько голосо́в, в том числе́ Га́ня.

— Не застре́лится; балу́ет мальчи́шка! — с негодова́нием неожи́данно прокрича́л генера́л Иволгин.

— Вам ужа́сно хо́чется ви́деть, как я застрелю́сь! — воскли́кнул Ипполи́т.

— Господа́... — на́чал бы́ло князь.

— Нет, позво́льте, многоуважа́емый князь, — заговори́л Ле́бедев, — так как вы са́ми ви́дите, что э́то не шу́тка, и так как полови́на ва́ших госте́й того́ же мне́ния, то я при свиде́телях прошу́ вас помо́чь!

— Что же на́до сде́лать, Ле́бедев? Я гото́в вам помо́чь.

— А вот что: чтоб он то́тчас же о́тдал свой пистоле́т. Е́сли отда́ст, то я согла́сен на то, что́бы разреши́ть ему переночева́ть э́ту ночь в э́том до́ме. Но за́втра пусть непреме́нно уезжа́ет, куда́ ему́ бу́дет уго́дно; извини́те, князь.

Подня́лся шум; Ле́бедев горячи́лся, кто-то хоте́л уже́ идти́ в поли́цию; Га́ня повторя́л, что никто́ не застре́лится.

— Каки́е они́ все негодя́и! — прошепта́л Ипполи́т кня́зю.

Когда́ он говори́л с кня́зем, то всё наклоня́лся и шепта́л.

— Оста́вьте их; вы о́чень слабы́...

— Сейча́с, сейча́с... сейча́с уйду́.

Вдруг он о́бнял кня́зя.

— Вы, мо́жет быть, ду́маете, что я сумасше́дший? — посмотре́л он на него́, стра́нно засмея́вшись.

— Нет, но вы...

— Сейча́с, сейча́с, молчи́те; ничего́ не говори́те; сто́йте... я хочу́ посмотре́ть в ва́ши глаза́... Сто́йте так, я бу́ду смотре́ть. Я с Челове́ком прощу́сь.

Он стоя́л и смотре́л на кня́зя неподви́жно и мо́лча секу́нд де́сять, о́чень бле́дный.

— Ипполи́т, Ипполи́т, что с ва́ми? — вскрича́л князь.

— Сейча́с... до-во́льно... я ля́гу. Я за здоро́вье со́лнца вы́пью немно́го... Я хочу́, я хочу́, оста́вьте!

Он бы́стро взял со стола́ бока́л и пошёл к вы́ходу в сад. Князь побежа́л бы́ло за ним, но не успе́л. В пра́вой руке́ Ипполи́та блесну́л ма́ленький пистоле́т.

Коммента́рий

1 наста́ивать — добива́ться согла́сия кого́-н.

2 во что бы то ни стало — любой ценой

3 сплетник — человек, который любит поговорить о других

Вопросы

- Кто пришёл в гости к князю?
- Что предложил Ипполит?
- Что думал Ипполит о князе?
- Какая идея заинтересовала Ипполита?
- Почему Ипполиту захотелось жить во что бы то ни стало?
- Почему Ипполит перестал даже книги читать?
- Чем неожиданно стал интересоваться Ипполит?
- Чего не понимал Ипполит, наблюдая за жизнью окружающих его людей?
- Почему Ипполит решил, что все люди недостойны жизни?

- О чём мечта́л Ипполи́т?
- Почему́ Ипполи́т не стал учи́ть гре́ческую грамма́тику?
- В чём, по мне́нию Ипполи́та, сча́стье и смысл жи́зни?
- Почему́ нельзя́ переда́ть други́м лю́дям все свои́ мы́сли и иде́и?
- Удало́сь ли Ипполи́ту переда́ть свою́ иде́ю слу́шателям?

V

Уже́ в четвёртом часу́ утра́, когда́ го́сти ушли́, князь сно́ва пошёл в парк. Он про́бовал бы́ло засну́ть до́ма, но не мог. Он броди́л по па́рку, дошёл до зелёной скаме́йки, назна́ченной ему́ для свида́ния, усе́лся. Тоска́ его́ продолжа́лась... Он вспо́мнил оди́н забы́тый сон.

Э́то бы́ло в Швейца́рии, в пе́рвый год его́ лече́ния. Тогда́ он ещё был совсе́м как идио́т, да́же говори́ть не уме́л хорошо́. Он раз зашёл в го́ры и до́лго ходи́л с одно́ю мы́слью. Перед ним бы́ло блестя́щее не́бо, внизу́ о́зеро, круго́м горизо́нт све́тлый и бесконе́чный. Он смотре́л и му́чился. Му́чило его́ то, что всему́ э́тому он совсем чужой. У всего свой путь: один он ничего не знает, всему чужой.

Он заснул на скамейке. Вокруг него стояла прекрасная, ясная тишина. Ему приснилось очень много снов, и все тревожные. Наконец, пришла к нему женщина; он знал её; но странно, — у неё было как будто совсем не такое лицо, какое он всегда знал. Слеза дрожала на её бледной щеке; она позвала его рукой и приложила палец к губам. Сердце его замерло; он чувствовал, что произойдёт что-то ужасное, на всю его жизнь. Ей хотелось ему что-то показать, тут же недалеко, в парке. Он встал, чтобы пойти за нею, чья-то рука вдруг оказалась в его руке; он схватил эту руку,

крепко сжал и проснулся. Перед ним стояла и громко смеялась Аглая.

> **Вопросы**
>
> · Почему князь ночью снова пошёл в парк?
> · Что мучило князя в Швейцарии?
> · Кого он увидел, когда проснулся?

VI

Она смеялась, но и злилась.

— Спит! Вы спали! — кричала она с удивлением.

— Это вы! — пробормотал князь. — Ах, да! Это свидание... я здесь спал.

— Видела.

— Меня никто не будил кроме вас? Я думал, здесь была... другая женщина.

— Здесь была другая женщина?!

Наконец он совсем пришёл в себя.

— Это был сон, — задумчиво проговорил он.

Он взял её за руку и посадил на скамейку; сам сел около неё и задумался. Аглая внимательно оглядывала своего собеседника. Он тоже посматривал на неё, но иногда будто не видел. Она начала краснеть.

— Я бы никак не заснула на вашем месте.

— Да ведь я всю ночь не спал, а потом ходил, пришёл сюда, сел, думал и заснул.

— О какой это женщине вам приснилось?

— Это... об... вы её видели...

— Понимаю. Вы очень её... Как она вам приснилась? А впрочем, знать не хочу, — сказала она недовольно. — Вот для чего я вас позвала: я хочу сделать вам предложение быть моим другом. Что вы так на меня смотрите? — зло прибавила она.

Князь действительно вглядывался в неё в эту минуту, заметив, что она опять начала краснеть.

— Слушайте же, — начала она опять, — я долго ждала вас, чтобы вам всё это рассказать, с тех самых пор, как вы мне письмо оттуда написали... Половину вы вчера от меня услышали: я вас считаю за самого честного и за самого правдивого человека, и если говорят про вас, что у вас ум... что вы больны иногда умом, то это несправедливо; главный ум у вас лучше, чем у них у всех, потому что есть два ума: главный и не главный. Так?

— Может быть и так, — едва проговорил князь.

— Я знала, что вы поймёте.

— Вы очень похожи на Лизавету Прокофьевну.

— Неужели? — удивилась Аглая. — Вы очень её уважаете? — прибавила она, не замечая наивности вопроса.

— Очень, и я рад, что вы это прямо поняли.

— И я рада, потому что заметила, как над ней иногда... смеются. Но слушайте главное: я долго думала и наконец вас выбрала. Я не хочу, чтобы надо мной дома смеялись, чтобы меня дразнили[1]... Я хочу... бежать из дому, а вас выбрала, чтобы вы мне помогли.

— Бежать из дому! — закричал князь.

— Да, бежать из дому! Я не хочу, чтобы там вечно заставляли меня краснеть, а потому и выбрала вас. С вами я хочу говорить, даже про самое главное; и вы не должны ничего скрывать от меня. Я хочу хоть с одним человеком обо всём говорить, как с собой. Я хочу быть смелой и ничего не бояться. Я не хочу по их балам ездить, я хочу пользу приносить. Я уж давно хотела уйти. Я двадцать лет как у них дома сижу, и всё меня́ за́муж выдаю́т. Я ни одного́ собо́ра готи́ческого не вида́ла, я хочу́ в Ри́ме быть, хочу́ в Пари́же учи́ться; я весь после́дний год учи́лась, о́чень мно́го книг прочла́; я все запрещённые кни́ги прочла́. Ма́тери и отцу́ я давно́ уже́ объяви́ла, что хочу́ измени́ть моё социа́льное положе́ние. Мы вме́сте бу́дем по́льзу приноси́ть; я не хочу́ быть генера́льской до́чкой... Скажи́те, вы о́чень учёный челове́к?

— О, совсе́м нет.

— Э́то жаль, а я ду́мала... Вы всё-таки мной бу́дете руководи́ть, потому́ что я вас вы́брала.

— Э́то стра́нно, Агла́я Ива́новна.

— Я хочу́ бежа́ть и́з дому! — закрича́ла она́ опя́ть. — Е́сли вы не согласи́тесь, вы́йду за́муж за Гаври́лу Ардалио́новича.

У кня́зя мелькну́ла стра́нная мысль. Ему́ не ве́рилось, что перед ним сиди́т та са́мая высокоме́рная де́вушка, кото́рая была́ тако́й го́рдой и холо́дной. Он поня́ть не мог, как в тако́й холо́дной краса́вице мог оказа́ться тако́й ребёнок.

— Я вас совсе́м не люблю́, — вдруг сказа́ла она́. — Я люблю́ Гаври́лу Ардалио́новича...

— Э́то непра́вда, — проговори́л князь почти́ шёпо-

том.

— Я дала́ ему́ сло́во, на э́той са́мой скаме́йке.

Князь испуга́лся и на мгнове́ние заду́мался.

— Э́то непра́вда, — повтори́л он реши́тельно.

— Он стал други́м; он лю́бит меня́ бо́льше жи́зни.

Вдруг она́ опя́ть нахму́рилась.

— Е́сли я и хоте́ла... похвали́ть вас, но тут же хоте́ла и показа́ть, что я всё зна́ю... Я зна́ю, как вы полго́да наза́д при всех предложи́ли ей ва́шу ру́ку. По́сле э́того она́ бежа́ла с Рого́жиным; пото́м вы жи́ли с ней, и она́ от вас ушла́ к кому́-то (Агла́я ужа́сно покрасне́ла). Пото́м она́ опя́ть верну́лась к Рого́жину, кото́рый лю́бит её как... сумасше́дший. Пото́м вы прие́хали за ней сюда. А сейча́с во сне её ви́дели... Ведь вы для неё сюда́ прие́хали?

— Да, для неё, — ти́хо отве́тил князь, — что́бы то́лько узна́ть... Я не ве́рю в её сча́стье с Рого́жиным, хотя́... одни́м сло́вом, я не зна́ю, что бы я мог тут для неё сде́лать и чем помо́чь, но я прие́хал.

— Если прие́хали, не зна́я заче́м, ста́ло быть, уж о́чень лю́бите, — проговори́ла она́ наконе́ц.

— Нет, — отве́тил князь, — не люблю́. О, е́сли бы вы зна́ли, с каки́м у́жасом вспомина́ю я то вре́мя, кото́рое провёл с не́ю!

— Говори́те всё, — сказа́ла Агла́я.

— Тут ничего́ нет тако́го, чего́ бы вы не могли́ вы́слушать. Почему́ и́менно вам хоте́л я всё э́то рассказа́ть, — не зна́ю; мо́жет быть, потому́ что вас в са́мом де́ле о́чень люби́л. Э́та несча́стная же́нщина убеждена́, что она́ ни́зкая тварь. Она́ бежа́ла от меня́, зна́ете для чего́? Что́бы доказа́ть мне, что она́ — ни́зкая. О, я люби́л её... но пото́м... она́ всё угада́ла...

— Что угада́ла?

— Что мне то́лько жаль её, а что я... не люблю́ её.

— А зна́ете ли вы, что она́ почти́ ка́ждый день пи́шет ко мне пи́сьма?

— Ста́ло быть, э́то пра́вда! — вскрича́л князь в трево́ге. — Я слы́шал, но не хоте́л ве́рить.

— От кого́ слы́шали? — испуга́лась Агла́я.

— Рого́жин сказа́л мне вчера́.

— А-а, ну, е́сли Рого́жин... А зна́ете, о чём она́ пи́шет мне в э́тих пи́сьмах?

— Я ничему́ не удивля́юсь; она́ безу́мная.

— Вот э́ти пи́сьма (Агла́я вы́нула из карма́на три письма́ и бро́сила перед кня́зем). Вот уже́ це́лую неде́лю она́ горячо́ про́сит меня́, чтоб я за вас вы́шла за́муж. Она́... умна́, хоть и безу́мная, гора́здо умне́е меня́... она́ пи́шет, что в меня́ влюблена́, что вы лю́бите меня́, что вы с ней обо мне говори́ли. Она́ хо́чет ви́деть вас счастли́вым; уве́рена, что то́лько я соста́влю ва́ше сча́стье... Я никому́ не показа́ла пи́сем, я вас ждала́; вы зна́ете, что э́то зна́чит?

— Э́то сумасше́ствие, — проговори́л князь, и гу́бы его́ задрожа́ли.

— Е́сли так, то вы челове́к без се́рдца! — вскрича́ла Агла́я. — Неуже́ли вы не ви́дите, что не в меня́ она́ влюблена́, а вас одного́ лю́бит! Зна́ете, что означа́ют э́ти пи́сьма? Э́то ре́вность[2]! Вы ду́маете, она́ в са́мом де́ле за́муж за Рого́жина вы́йдет? Она́ убьёт себя́, то́лько мы обвенча́емся!

— Бог ви́дит, Агла́я, что́бы сде́лать её счастли́вою, я о́тдал бы жизнь мою́, но... я уже́ не могу́ люби́ть её, и она́ э́то зна́ет!

— Вы обя́заны верну́ть её к жи́зни, вы должны́ уе́хать с ней опя́ть. Да ведь вы же её и лю́бите!

— Я зна́ю, что она́ со мной поги́бнет, и потому́ оставля́ю её. Вы говори́те, она́ лю́бит меня́, но ра́зве э́то любо́вь? Неуже́ли мо́жет быть така́я любо́вь, по́сле того́, что я уже́ вы́терпел!

Агла́я подняла́сь с ме́ста.

— Éсли вы говори́те, — начала́ она́, — что э́та... ва́ша же́нщина... безу́мная, то мне де́ла нет до её безу́м-

ных фанта́зий... Прошу́ вас, Лев Никола́ич, взять э́ти три письма́ и бро́сить ей от меня́!

Князь вскочи́л и в испу́ге...

— Вы не мо́жете так чу́вствовать... э́то непра́вда! — бормота́л он.

— Э́то пра́вда!

— Кака́я пра́вда? — разда́лся о́коло них го́лос.

Перед ни́ми стоя́ла Лизаве́та Проко́фьевна.

— Пра́вда, что я за Гаври́лу Ардалио́новича за́муж иду́! Что я Гаври́лу Ардалио́новича люблю́ и бегу́ с ним за́втра же и́з дому!

— Нет, уж вы, ба́тюшка, не уходи́те, — останови́ла кня́зя Лизаве́та Проко́фьевна, — сде́лайте одолже́ние объясни́ться... Я всю ночь не спала́...

Князь пошёл за не́ю.

Войдя́ в свой дом, Лизаве́та Проко́фьевна се́ла, совсе́м без сил.

— Не поду́майте, князь, что я вас допра́шивать[3] хочу́...

— Но вам бы хоте́лось узна́ть, почему́ мы встре́тились сего́дня с Агла́ей Ива́новной? — споко́йно доко́нчил князь.

— Ну, что ж, и хоте́лось! — покрасне́ла Лизаве́та

Прокófьевна.

— Мы встрéтились с Аглáей Ивáновной в семь часóв утрá. Онá хотéла говорúть со мной о вáжном дéле. Мы проговорúли о делáх, однóй Аглáи Ивáновны касáющихся; вот и всё.

— Прекрáсно, князь! — сказáла Аглáя, входя́ в кóмнату. — Довóльно с вас, мáма, или ещё хотúте допрáшивать?

— Прощáйте, князь, простúте, что обеспокóила. Надéюсь, вы остáнетесь увéрены в неизмéнном моём к вам уважéнии.

Князь тóтчас откланя́лся и мóлча вы́шел.

Коммента́рий

1 дразни́ть — злить умы́шленно

2 рéвность — сомнéние в чьей-н. вéрности, любвú

3 допрáшивать — стрóго спрáшивать, трéбовать обязáтельного отвéта

Вопрóсы

- Почемý Аглáя рассердúлась?
- Почемý Аглáя хотéла убежáть из дóма?
- В чём признáлась Аглáя кня́зю?
- Что рассказáл князь Аглáе?
- Что писáла Настáсья Филúпповна Аглáе в свои́х пи́сьмах?

- Какова была реакция князя?
- Что сказала Аглая Лизавете Прокофьевне?
- Как объяснил князь свою встречу с Аглаей?

VII

Он пошёл к своей даче. Сердце его стучало, мысли путались, и всё кругом него как бы походило на сон. И вдруг, так же, как и раньше, тот же сон приснился ему. Та же женщина вышла из парка и стала перед ним, точно ждала его тут. Она стояла перед ним лицом к лицу, в первый раз после их разлуки; она что-то говорила ему, но он молча смотрел на неё. Она опустилась перед ним на колени, тут же на улице.

— Встань, встань! — говорил он испуганным шёпотом, поднимая её.

— Ты счастлив? Счастлив? — спрашивала она. — Мне только одно слово скажи, счастлив ты теперь? Сегодня, сейчас? У неё? Что она сказала?

Она не поднималась, она не слушала его.

— Я еду завтра, как ты приказал. В последний раз я

тебя вижу! Теперь уж совсем в последний раз!

— Успокойся, встань! — проговорил он в отчаянии.

Она жадно всматривалась в него, схватившись за его руки.

— Прощай! — сказала она наконец, встала и быстро пошла от него, почти побежала. Князь видел, что около неё вдруг оказался Рогожин, взял её под руку и повёл.

— Подожди, князь, — крикнул Рогожин, — я через пять минут вернусь на время.

Через пять минут он пришёл действительно; князь ждал его на том же месте.

— В экипаж посадил, — сказал он; — на углу с десяти часов коляска ждала. Она так и знала, что ты у

той весь вечер пробудешь. Писать она к той больше не станет; обещала; и отсюда, по желанию твоему, завтра уедет. Захотела тебя видеть; на этом месте тебя и поджидали, как обратно пойдёшь, на той скамье.

— Безумная! — закричал князь.

— Кто знает, может, и нет, — тихо проговорил Рогожин.

Князь не ответил.

— Ну, прощай, — сказал Рогожин, — ведь и я завтра поеду; лихом не поминай[1]! А что, брат, — прибавил он, быстро обернувшись, — что ж ты ей в ответ ничего не сказал? Ты-то счастлив или нет?

— Нет, нет, нет! — крикнул князь с безграничной

печа́лью.

— Ещё бы сказа́л: «да»! — зло́бно рассмея́лся Рого́жин и пошёл не огля́дываясь.

Комменти́рий

1   ли́хом не помина́й — пло́хо не вспомина́й

Вопро́сы

- Кого́ неожи́данно встре́тил князь, подходя́ к свое́й да́че?
- Что говори́ла Наста́сья Фили́пповна кня́зю?
- Что рассказа́л Рого́жин кня́зю о Наста́сье Фили́пповне?
- О чём спроси́л Рого́жин кня́зя?
- Почему́ князь не мог сказа́ть, что он сча́стлив?

ЧАСТЬ ЧЕТВЁРТАЯ

I

Прошло с неделю после свидания на зелёной скамейке. В одно светлое утро, около половины одиннадцатого, Варвара Ардалионовна, вышедшая посетить кое-кого из своих знакомых, возвратилась домой в большой задумчивости.

Есть люди, о которых трудно сказать что-нибудь такое, что представило бы их целиком, в их самом типическом и характерном виде; это те люди, которых обыкновенно называют людьми «обыкновенными», «большинством» и которые, действительно, составляют огромное большинство всякого общества. Писатели в своих романах и повестях большей частью стараются описывать не большинство, а типы общества в несколько концентрированном виде. В действительности типичность лиц как бы разбавляется водой. Перед нами остаётся вопрос: что делать романисту с людьми ординарными, совершенно «обыкновенными», и как выставить их перед читателем, чтобы сделать их хоть сколько-нибудь интересными? Совершенно пройти мимо них в рассказе никак нельзя, потому что ординарные люди — поминутно и в большинстве необходимое звено в связи событий; без них, стало быть, нарушится правдоподобие. Наполнять романы одними яркими типами или даже просто, для интереса, людьми странными и небывалыми было бы неправдоподобно, да пожалуй, и не интересно. По-нашему, писателю надо стараться отыскивать интересные и поучительные оттенки даже и между ординарными людьми. Иногда же, например, самая сущность некоторых ординарных лиц именно заключается в их всегдашней и неизменной ординарности.

К этому-то разряду «обыкновенных», или «ординарных», людей принадлежат и некоторые лица нашего рассказа, до сих пор мало разъяснённые читателю. Таковы именно Варвара Ардалионовна и Гаврила Ардалионович, её брат.

В самом деле, нет ничего обиднее, как быть, например, богатым, из хорошей семьи, приличной внешности, неплохо образованным, не глупым, даже добрым, и в то же время не иметь никакого таланта, никакой особенности, никакого даже чудачества, ни одной своей собственной идеи, быть решительно «как и все».

Богатство есть, но не огромное; семья честная, но не самая известная; внешность приличная, но не очень выразительная; образование хорошее, но не знаешь, на что его употребить; ум есть, но без своих идей; сердце есть, но без великодушия, и т. д., и т. д.

Таких людей на свете чрезвычайное множество, и даже гораздо более, чем кажется; они разделяются, как и все люди, на два главные разряда: одни ограниченные, другие «гораздо поумней». Первые счастливее. Ограниченному «обыкновенному» человеку нет, например, ничего легче, как представить себя человеком необыкновенным и оригинальным и обрадоваться этому без всяких колебаний[1]. Стоит некоторым из наших барышень остричь себе волосы, надеть синие очки и назваться нигилистками, чтобы тотчас же убедиться, что они немедленно стали иметь свои собственные «убеждения». Стоит такому человеку услышать какую-нибудь мысль или прочитать страничку чего-нибудь без начала и конца, чтобы тотчас поверить, что это «свои собственные мысли». Наглость наивности, если можно так выразиться, в таких случаях доходит до удивительного; всё это невероятно, но встречается поминутно.

Действующее лицо нашего рассказа, Гаврила Ардалионович Иволгин, принадлежал к другому разряду; он принадлежал к разряду людей «гораздо поумнее», хотя весь, с ног до головы, желал оригинальности. Но этот разряд, как мы уже и заметили выше, гораздо несчастнее первого. Встречаются среди него даже странные случаи: из-за желания оригинальности иной честный человек готов решиться даже на низкое дело; бывает даже и так, что иной из этих несчастных не только честен, но даже и добр, надежда своей семьи, помогает своим трудом даже чужим, не только своим, и что же? всю-то жизнь не может успокоиться! Его нисколько не успокаивает мысль, что он так хорошо исполнил свои человеческие обязанности; даже наоборот, она-то и раздражает его: «Вот, дескать, на что потратил я всю мою жизнь, вот что связало меня по рукам и по ногам, вот что помешало мне открыть порох! Не было бы этого, я, может быть, непременно бы открыл — либо порох, либо Америку, — наверно ещё не знаю что, но только непременно бы открыл!» Всего характернее в этих людях то, что они действительно всю жизнь свою никак не могут узнать точно, что именно им так надо открыть, и что именно они всю жизнь готовы открыть: порох или

Америку? Но страдания по открытию, право, хватило бы в них на долю Колумба или Галилея.

Гаврила Ардалионович начинал в этом роде, но только ещё начинал. Глубокое и постоянное самоощущение своей бесталанности и, в то же время, сильное желание убедиться в том, что он человек самостоятельный, сильно поранили его сердце с самого молодого возраста. Это был молодой человек с острыми желаниями и, кажется, даже родившийся нервным. Остроту своих желаний он принимал за их силу.

Это убивало его. Может быть, он даже решился бы, при случае, и на крайне низкое дело, лишь бы получить чего-нибудь из мечтаемого; но, как нарочно, только дело доходило до черты, он всегда оказывался слишком честным для крайне низкого дела. (На маленькое низкое дело он, впрочем, всегда готов был согласиться.) С презрением и с ненавистью смотрел он на бедность своего семейства. Даже с матерью обращался свысока и презрительно, несмотря на то, что сам очень хорошо понимал, что репутация и характер его матери составляли пока главную опорную точку и его карьеры. Поступив к Епанчину, он немедленно сказал себе: «Коли уж быть подлецом, так уж подлецом до конца́, то́лько бы вы́играть», и — почти́ никогда́ не́ был подлецо́м до конца́. Да и почему́ он вообрази́л, что ему́ непреме́нно на́до быть подлецо́м? Агла́и он про́сто тогда́ испуга́лся, но не бро́сил с не́ю де́ла, а тяну́л его́, на вся́кий слу́чай, хотя́ никогда́ не ве́рил серьёзно, что она́ обрати́т на него́ внима́ние. Пото́м, во вре́мя свое́й исто́рии с Наста́сьей Фили́пповной, он вдруг вообрази́л себе́, что са́мое ва́жное — э́то де́ньги. Проигра́в Агла́ю, он совсе́м упа́л ду́хом и действи́тельно принёс кня́зю де́ньги, бро́шенные ему́ тогда́ сумасше́дшей же́нщиной, кото́рой принёс их то́же сумасше́дший челове́к. В э́том возвраще́нии де́нег он пото́м ты́сячу раз раска́ивался, хотя́ и постоя́нно э́тим горди́лся. То́лько уже́ до́лгое вре́мя спустя́ по́нял он, как серьёзно могло́ бы пойти́ у него́ с таки́м неви́нным и стра́нным существо́м как Агла́я.

Соверше́нно друга́я осо́ба была́ сестри́ца Гаври́лы Ардалио́новича. Она́ то́же была́ с жела́ниями си́льными, но бо́лее упо́рными, чем о́стрыми. В ней бы́ло мно́го благоразу́мия, когда́ де́ло доходи́ло до после́дней черты́[2], но оно́ же не оставля́ло её и по́сле черты́. Пра́вда, и она́ была́ из числа́ «обыкнове́нных» люде́й, мечта́ющих об оригина́льности, но зато́ она́ о́чень скоро успела понять, что в ней нет ни капли особенной оригинальности, и плакала об этом не слишком много, — кто знает, может быть, из особого рода гордости. Она сделала свой первый практический шаг и с чрезвычайной решимостью вышла замуж.

Чтобы помочь брату, Варвара Ардалионовна решилась расширить круг своих действий: она сблизилась с Епанчиными, чему много помогли детские воспоминания; и она, и брат ещё в детстве играли с сёстрами Епанчиными. И вот теперь она возвращалась от них же и, как мы уже сказали, в задумчивости.

Дома Ганя встретил сестру и внимательно посмотрел на неё:

— Что-нибудь узнала? — спросил он.

— Ничего неожиданного, по крайней мере. Узнала, что всё это верно. Муж был правее нас обоих; как сказал с самого начала, так и вышло. Где он?

— Нет дома. Что вышло?

— Князь жених формальный, дело решённое. Мне старшие сказали. Аглая согласна; даже и скрываться перестали. (Ведь там всё такая таинственность была до сих пор.) Свадьбу Аделаиды опять перенесут, чтобы вместе обе свадьбы сделать, в один день, — поэзия какая! На стихи похоже. Сегодня вечером у них Белоконская будет; вовремя приехала; гости будут. Его Белоконской представят, хоть он уже с ней и знаком; кажется, вслух объявят. Боятся только, чтоб он чего не уронил и не разбил, когда в комнату при гостях войдёт, или сам бы не упал; от него можно ожидать.

Ганя выслушал очень внимательно, но, к удивлению сестры, это поразительное для него известие, кажется, вовсе не произвело на него такого поражающего действия.

— Что ж, это ясно было, — сказал он, подумав, — конец, значит! — прибавил он с какою-то странной усмешкой, заглядывая в лицо сестры и продолжая хо-

дить взад и вперёд по комнате, но уже гораздо тише.

— Хорошо ещё, что ты принимаешь философски; я, честное слово, рада, — сказала Варя.

— Да с плеч долой³; с твоих, по крайней мере.

— Я, кажется, тебе искренно служила, не рассуждая и без лишних вопросов; я не спрашивала тебя, какого ты счастья хотел у Аглаи искать.

— Да разве я... счастья у Аглаи искал?

— Ну, пожалуйста, без философии! Конечно, так. Кончено, и довольно с нас: остались в дураках⁴. Я на это дело, признаюсь тебе, никогда серьёзно не могла смотреть. Я даже до сих пор сама не знаю, чего ты и добивался-то.

— Теперь пойдёте вы с мужем меня на службу гнать; лекции про силу воли читать, наизусть знаю, — засмеялся Ганя.

«Что-нибудь новое у него на уме!» — подумала Варя.

— Что ж там — рады, отцы-то? — спросил вдруг Ганя.

— Н-нет, кажется.

— Я не про то; жених невозможный и немыслимый, это ясно. Я про теперешнее спрашиваю, теперь-то там как? Формальное дала согласие?

— Она не сказала до сих пор: «нет», — вот и всё; но иначе и не могло быть. Ты знаешь, как она до сих пор застенчива. Знаешь, я почему-то думаю, что там действительно что-то серьёзное, даже с её стороны. Над князем она, говорят, смеётся изо всех сил, с утра до ночи, чтобы виду не показать, но уж точно умеет сказать ему каждый день что-нибудь потихоньку, потому что он точно по небу ходит, сияет... Смешон, говорят, ужасно.

Варя встала и хотела пойти наверх к матери.

— Идёшь? — повернулся к ней вдруг Ганя. — Подожди; посмотри-ка это.

Он подошёл и кинул пред нею на стул маленькую бумажку, сложенную в виде маленькой записочки. В записке было ровно семь строк:

«Гаврила Ардалионович! Убедившись в вашем добром отношении ко мне, хочу спросить вашего совета в одном важном для меня деле. Я желала бы встретить вас завтра, ровно в семь часов утра, на зелёной скамейке. Это недалеко от нашей дачи. Варвара Ардалионовна, которая непременно должна быть вместе с вами, очень хорошо знает это место. А. Е.»

Комментарий

1. колебание — сомнение, неуверенность
2. до последней черты — до момента, когда нужно нарушить общепринятые правила, принять смелое решение
3. с плеч долой — конец заботам и волнениям
4. остаться в дураках — остаться ни с чем

Вопросы

- Какие люди составляют большинство общества?
- Кого любят описывать писатели?
- Почему нельзя не описывать в романе людей обыкновенных?
- На какие разряды делит автор обыкновенных людей?

- Почему́ лю́ди пе́рвого разря́да обы́чно быва́ют счастли́выми?
- Каки́е лю́ди отно́сятся ко второ́му разря́ду? Почему́ они́ ча́сто несча́стливы?
- Почему́ а́втор отно́сит Га́ню И́волгина ко второ́му разря́ду?
- Что Га́ня сде́лал с деньга́ми, кото́рые получи́л от Наста́сьи Фили́пповны?
- Что отлича́ло Варва́ру Ардалио́новну от бра́та?
- Почему́ она́ сно́ва сбли́зилась с семьёй Епанчины́х?
- Отку́да возвраща́лась у́тром Варва́ра?
- Каки́е но́вости она́ рассказа́ла бра́ту?
- Что вы узна́ли об отноше́нии Агла́и к кня́зю?
- Како́е собы́тие должно́ бы́ло случи́ться ве́чером?
- Каку́ю запи́ску Га́ня получи́л от Агла́и?

II

За не́сколько дней до визи́та Варва́ры князь был приглашён к Епанчины́м.

Агла́я вошла́ споко́йно и ва́жно, поклони́лась кня́зю и торже́ственно заняла́ са́мое ви́дное ме́сто у кру́глого стола́. Она́ вопроси́тельно посмотре́ла на кня́зя. Все по́няли, что наста́ло реше́ние всех пробле́м.

— Можно узнать от вас лично: женитесь вы на мне или нет? Не обманывайте. Из-за вас мне постоянно задают странные вопросы. Ну!

— Ах, господи! — испугалась Лизавета Прокофьевна.

— Я не проси́л ва́шей руки́[1], Агла́я Ива́новна, — проговори́л князь, — но... вы зна́ете са́ми, как я люблю́ вас и ве́рю в вас...

— Я вас спра́шивала: проси́те вы мое́й руки́ или нет?

— Прошу́, — замира́я, отве́тил князь.

— Всё э́то не так, ми́лый друг, — проговори́л генера́л Епанчи́н, си́льно волну́ясь, — э́то... э́то почти́ невозмо́жно... Извини́те, князь!.. Лизаве́та Проко́фьевна!

— Я отка́зываюсь! — сказа́ла Лизаве́та Проко́фьевна.

— Позво́льте, ма́ма, и мне говори́ть; ведь я и сама́ в тако́м де́ле что́-нибудь зна́чу: реша́ется чрезвыча́йная мину́та судьбы́ мое́й, и я хочу́ узна́ть сама́ и при всех... Разреши́те же спроси́ть вас, князь, е́сли вы про́сите мое́й руки́, то как же вы ду́маете соста́вить моё сча́стье?

— Я не зна́ю, Агла́я Ива́новна, как вам отве́тить; что же отвеча́ть? Да и... на́до ли?

— Вы, ка́жется, уста́ли; отдохни́те немно́го и собери́тесь с но́выми си́лами; вы́пейте стака́н воды́; впро́чем, вам сейча́с ча́ю даду́т.

— Я вас люблю́, Агла́я Ива́новна, я вас о́чень люблю; и... не шутите, пожалуйста.

— Это дело важное; мы не дети... Потрудитесь объяснить, в чём заключается ваше состояние[2]?

— Ну-ну-ну, Аглая! Что ты! — испуганно бормотал Иван Фёдорович.

— Как низко! — громко прошептала Лизавета Прокофьевна.

— С ума сошла! — так же громко прошептала Александра.

— Состояние... то есть, деньги? — удивился князь.

— Именно.

— У меня... теперь сто тридцать пять тысяч, — пробормотал князь, покраснев.

— Только-то? — громко и откровенно удивилась Аглая, нисколько не краснея. — впрочем, ничего; особенно если с экономией... Хотите служить?

— Я хотел сдать экзамен на домашнего учителя...

— Очень кстати; это увеличит наши средства. Хотите вы служить при дворе?

— При дворе? Я об этом не думал.

Но тут засмеялись обе старшие сестры. Аделаида давно уже заметила в чертах лица Аглаи признаки неудержимого смеха, который она сдерживала изо всей

си́лы. Агла́я гро́зно посмотре́ла на сестёр, но и секу́нды не вы́держала, захохота́ла; наконе́ц вста́ла и вы́бежала из ко́мнаты.

— Я так и зна́ла, что оди́н то́лько смех! — закрича́ла Аделаи́да. — С са́мого нача́ла.

— Нет, вот э́того уж не позво́лю! — разозли́лась вдруг Лизаве́та Проко́фьевна и побежа́ла за Агла́ей. За не́ю побежа́ли и сёстры. В ко́мнате оста́лись князь и оте́ц семе́йства.

— Мог ты предста́вить себе́ тако́е, Лев Никола́ич? — закрича́л генера́л.

— Я ви́жу, что Агла́я Ива́новна на́до мной смея́лась, — гру́стно отве́тил князь.

— Подожди́, брат... Объясни́ мне хоть ты, Лев Никола́ич: как всё э́то случи́лось, и что всё э́то означа́ет?

— Я люблю́ Агла́ю Ива́новну; она́ э́то давно́ зна́ет.

— Стра́нно... и о́чень лю́бишь?

— О́чень люблю́.

— Стра́нно э́то мне. Тако́й сюрпри́з... Я не насчёт состоя́ния (хоть и ожида́л, что у тебя́ побо́льше), но... мне сча́стье до́чери... спосо́бен ли ты дать э́то... сча́стье-то? И... что э́то: шу́тка или пра́вда с её-то стороны́?

Из-за двере́й разда́лся голосо́к Алекса́ндры Ива́новны; зва́ли отца́.

— Подожди́ и обду́май, а я сейча́с... — проговори́л он бы́стро и вы́шел.

Агла́я отверну́ла своё счастли́вое и запла́канное лицо́ от ма́тери, взгляну́ла на отца́, гро́мко рассмея́лась, пры́гнула к нему́, кре́пко обняла́ его́ и не́сколько раз поцелова́ла. Зате́м опя́ть бро́силась к ма́тери и опя́ть запла́кала. Лизаве́та Проко́фьевна прикры́ла её концо́м свое́й ша́ли.

— Ну, что же ты с на́ми-то де́лаешь, жесто́кая[3] ты де́вочка! — проговори́ла она́, но уже́ ра́достно.

— Да, жесто́кая! — повтори́ла вдруг Агла́я. — Плоха́я! Избало́ванная! Скажи́те э́то отцу́. Ах, ведь

он тут. Папа? Слышите! — рассмеялась она сквозь слёзы.

— Милый друг, идол ты мой! — целовал её руку повеселевший от счастья генерал. — Так ты, стало быть, любишь этого... молодого человека?..

— Ни-ни-ни! Терпеть не могу! — вдруг разозлилась Аглая.

Она говорила серьёзно: вся даже покраснела.

— Воля твоя, он там ждёт; сказать ему, чтоб он уходил?

— Нет, это уж лишнее; выйдите к нему сами; я выйду потом, сейчас. Я хочу у этого... молодого человека извинения попросить, потому что я его обидела.

— И о́чень оби́дела, — серьёзно сказа́л Ива́н Фёдорович.

— Ну, так... остава́йтесь лу́чше вы все здесь, а я пойду́ снача́ла одна́, вы же сейча́с за мной, в ту же секу́нду приходи́те; так лу́чше.

Она́ дошла́ до двере́й, но вдруг верну́лась.

— Я рассмею́сь! — печа́льно сообщи́ла она́.

Но в ту же секу́нду поверну́лась и побежа́ла к кня́зю.

— Ну, что ж э́то тако́е? — бы́стро проговори́л Ива́н Фёдорович.

— Бою́сь и сказа́ть, — отве́тила Лизаве́та Проко́фьевна, — а по-мо́ему, я́сно.

— Я́сно как день. Лю́бит.

— Ма́ло того́, что лю́бит, влюблена́! — сказа́ла Алекса́ндра Ива́новна.

— Благослови́ её бог! — перекрести́лась Лизаве́та Проко́фьевна.

— Судьба́, зна́чит, — подтверди́л генера́л.

И все пошли́ в гости́ную, а там опя́ть ждал сюрпри́з.

Агла́я не то́лько не расхохота́лась, подойдя́ к кня́зю, но да́же чуть не с ро́бостью сказа́ла ему́:

— Простите глупую, дурную, избалованную девушку (она взяла его за руку) и будьте уверены, что все мы очень вас уважаем. А если я осмелилась обратить в насмешку ваше прекрасное... доброе простодушие, то простите меня как ребёнка, за шутку.

Последние слова Аглая выговорила с особенным ударением.

— Зачем вы так говорите, — бормотал князь, — просите... прощения...

Для него составляло верх счастья одно то, что он опять будет приходить к Аглае, что ему разрешили с ней говорить, и, кто знает, может быть, этим одним он остался бы доволен на всю свою жизнь!

Князь был ве́сел. Почти́ он оди́н и говори́л весь ве́чер, мно́го расска́зывал; я́сно, с ра́достью и подро́бно отвеча́л на вопро́сы. Что же каса́ется Агла́и, то она́ почти́ да́же и не говори́ла весь ве́чер; зато́, не отрыва́ясь, слу́шала Льва Никола́евича, и да́же не сто́лько слу́шала его́, ско́лько смотре́ла на него́.

— Так и гляди́т, глаз не сво́дит! — говори́ла пото́м Лизаве́та Проко́фьевна супру́гу.

— Что де́лать — судьба́! — сказа́л генера́л.

Ра́достное настрое́ние семе́йства продолжа́лось недо́лго. На друго́й же день Агла́я опя́ть поссо́рилась с кня́зем, и так продолжа́лось беспреры́вно, во все сле́дующие дни.

Коммента́рий

1 проси́ть руки́ у кого́-л. — предлага́ть вы́йти за́муж
2 состоя́ние — иму́щество, то, чем челове́к владе́ет
3 жесто́кий — злой, недо́брый
4 благослови́ть — пожела́ть добра́

Вопро́сы

- Что спроси́ла Агла́я у кня́зя?
- Что отве́тил ей князь?
- Как отреаги́ровали роди́тели на поведе́ние Агла́и?

- Какое состояние было у князя?
- Как реагировали родители на решение Аглаи выйти замуж за князя?
- Можно ли утверждать, что Аглая любит князя?
- Почему князь был счастлив?
- Как дальше развивались отношения князя и Аглаи?

III

Вечером на даче Епанчиных ждали Белоконскую. Её протекция много значила в свете, и родители рассчитывали, что «свет» примет жениха Аглаи прямо из рук «старухи». Рано или поздно князя надо было ввести в свет[1], о котором он не имел ни малейшего понятия. Короче, его хотели «показать». Кроме Белоконской, ожидали ещё несколько высоких гостей[7].

О том, что будет Белоконская, князь услышал за три дня до вечера; о званом[2] же вечере узнал только накануне. Аглая с каждым часом становилась всё капризнее и мрачнее — это его убивало.

— Я бы желала, чтобы вы завтра весь день не приходили к нам, а пришли бы вечером, когда уже соберутся гости.

Князь тотчас же понял, что и она за него боится, и вдруг сам испугался.

— Да, я приглашён, — ответил он.

Аглая промолчала с минуту:

— Мне не нравятся дрянные³ правила, какие иногда у мамы бывают. Перед этою... дрянью — преклоняется! Я не про Белоконскую одну говорю: дрянная старушонка, да умна и их всех в руках умеет держать. Мы всегда были люди среднего круга; зачем же лезть в великосветский круг?

— Послушайте, Аглая, — сказал князь, — мне кажется, вы за меня очень боитесь, чтоб я завтра не срезался⁴... в этом обществе?

— За вас? Боюсь? — покраснела Аглая. — Что мне? Что значит: «срезался»? Это дрянное слово.

— Это... школьное слово.

— Вы хотите, кажется, говорить завтра такими словами. Подыщите ещё побольше дома в вашем лексиконе таких слов: то-то эффект произведёте! Вы сумеете взять и выпить прилично чашку чаю?

— Я думаю, что сумею.

— Это жаль; а то бы я посмеялась. Разбейте, по

крайней мере, китайскую вазу в гостиной! Она дорого стоит; пожалуйста, разбейте; это подарок, мама с ума сойдёт и при всех заплачет. Сделайте же что-нибудь, как вы всегда делаете, ударьте и разбейте. Сядьте нарочно рядом.

— Постараюсь сесть как можно дальше: спасибо, что предупреждаете.

— Заговорите о чём-нибудь серьёзном, учёном, возвышенном. Как это будет... прилично!

— Я думаю, это было бы глупо... если не кстати.

— Слушайте, раз навсегда, — не вытерпела Аглая, — если вы заговорите о чём-нибудь вроде смертной казни, или об экономическом состоянии России, или о том, что «мир спасёт красота», то... предупреждаю вас заранее: не показывайтесь мне потом на глаза!

— Ну, вы сделали так, что я теперь обязательно «заговорю» и даже... может быть... и вазу разобью. Вчера я ничего не боялся, а теперь всего боюсь. Я непременно срежусь.

— Так молчите. Сидите и молчите.

— Нельзя будет; я уверен, что я от страха заговорю, и от страха разобью вазу. Может быть, я упаду на гладком полу, или что-нибудь в этом роде выйдет! Я

лу́чше за́втра не приду́! Скажу́, что бо́лен!

— Да ви́дано ли э́то[5]! Он не придёт, когда́ наро́чно для него́ же...

— Ну, я приду́! — поскоре́е переби́л князь. — И даю́ вам че́стное сло́во, что просижу́ весь ве́чер ни сло́ва не говоря́.

— Прекра́сно сде́лаете.

Князь был всю ночь в лихора́дке. Уже́ не́сколько ноче́й подря́д с ним была́ лихора́дка. В э́тот же раз ему́ пришла́ мысль: что е́сли за́втра, при всех, с ним случи́тся припа́док? Он холоде́л от э́той мы́сли.

Он просну́лся в девя́том часу́, с головно́й бо́лью. Ему́ почему́-то захоте́лось ви́деть Рого́жина.

Когда́ ве́чером, в де́вять часо́в, князь яви́лся в гости́ную Епанчины́х, уже́ напо́лненную гостя́ми, он говори́л «прекра́сно», как выража́лись пото́м сёстры Агла́и: «скро́мно, ти́хо, без ли́шних слов, с досто́инством; вошёл прекра́сно; оде́т был превосхо́дно», и не то́лько не «упа́л на гла́дком полу́», но произвёл на всех прия́тное впечатле́ние.

А ме́жду тем все э́ти лю́ди, — хотя́, коне́чно, бы́ли «друзья́ми до́ма» и ме́жду собо́й, — бы́ли далеко́ не таки́ми друзья́ми ни до́му, ни ме́жду собо́й, каки́ми при́нял их князь. Князь не замеча́л ничего́. Э́той беды́ Агла́я и не предви́дела. Сама́ она́ была́ удиви́тельно хороша́ собо́й в э́тот ве́чер. Все три ба́рышни бы́ли приоде́ты⁶ и ка́к-то осо́бенно причёсаны. Князь заме́тил, что Агла́я ра́за два на него́ внима́тельно посмотре́ла и, ка́жется, оста́лась им дово́льною. Ма́ло-пома́лу он станови́лся сча́стлив. Говори́л он ма́ло, и то то́лько на вопро́сы, и наконе́ц совсе́м замолча́л, сиде́л и всё слу́шал. Заговори́л он случа́йно, отвеча́я на вопро́с.

Коммента́рий

1   ввести́ в свет — познако́мить с широ́ким кру́гом аристократи́ческих знако́мых, с вы́сшим о́бществом

2   зва́ный (вечер, ужин) — пара́дный, торже́ственный

3 дрянно́й — плохо́й

4 среза́ться — разг.: не сдать экза́мен

5 ви́дано ли э́то — э́то невозмо́жно, неприли́чно

6 приоде́ться — оде́ться наря́дно, пра́зднично, осо́бенно

7 высо́кие го́сти — го́сти с положе́нием в о́бществе, влия́тельные лю́ди

Вопро́сы

- Что реши́ли сде́лать Епанчины́?
- Кто така́я Белоко́нская?
- Почему́ Агла́е не нра́вились пра́вила их до́ма и приглаше́ние Белоко́нской?
- Чего́ боя́лась Агла́я в э́тот ве́чер?
- Как посове́товала Агла́я кня́зю вести́ себя́ на ве́чере? Каки́е те́мы разгово́ра счита́ются неприли́чными в све́те?
- Чего́ бо́льше всего́ боя́лся князь?
- Как реши́л себя́ вести́ князь?
- Как он провёл ночь?
- Чего́ бо́льше всего́ боя́лся князь во сне?
- Како́е впечатле́ние князь произвёл на великосве́тских госте́й?
- Почему́ князь заговори́л с гостя́ми?

IV

Один из гостей в разговоре с другим назвал имя Николая Андреевича Павлищева. Князь повернулся в их сторону и стал слушать.

— Ведь вот... Иван-то Петрович покойному Николаю Андреевичу Павлищеву родственник... ты ведь искал, кажется, родственников-то, — проговорил вполголоса князю генерал Епанчин, который был рядом.

— Лев Николаич, воспитанник Николая Андреевича Павлищева после смерти своих родителей, — добавил он, встретив взгляд Ивана Петровича.

— О-очень приятно, — заметил тот, — и помню даже. Я вас узнал. Вы, право, мало изменились, хоть я вас видел только ребёнком.

— Вы меня видели ребёнком? — спросил князь с необыкновенным удивлением.

— О, очень давно, — продолжал Иван Петрович,

— Ах, боже мой! — вскричал князь, смущаясь и оживляясь. Почему он вдруг пришёл в такой восторг, — это трудно было бы решить. Слишком уж он «рас-

счастли́вился».

— Не с э́тим ли Павли́щевым исто́рия вы́шла кака́я-то... стра́нная... с абба́том... — сказа́л, что́-то припомина́я, высо́кий гость.

— С абба́том Гуро́, иезуи́том, — напо́мнил Ива́н Петро́вич. — Никола́й Андре́евич аристокра́т был, с состоя́нием... И броса́ет вдруг слу́жбу и всё, что́бы перейти́ в католици́зм и стать иезуи́том.

Князь был вне себя́.

— Павли́щев... перешёл в католици́зм? Быть э́того не мо́жет! — закрича́л он в у́жасе.

— Ну, «быть не мо́жет»! — соли́дно пробормота́л Ива́н Петро́вич. — Э́то уж, мой ми́лый князь...

— Вы меня огорчили и поразили! — закричал князь.

— Это всё от нашей... усталости, — авторитетно пробормотал старичок. — Вы, кажется, очень религиозны, что редко встретишь теперь в молодом человеке, — ласково обратился он к князю Льву Николаевичу.

— Павлищев был светлый ум и истинный христианин, — произнёс князь. — Католичество — всё равно что вера нехристианская! — прибавил он вдруг.

— Ну, это слишком, — пробормотал старичок.

— Нехристианская вера! — в чрезвычайном волнении и не в меру резко заговорил князь. — Это во-первых, а во-вторых, католичество римское даже хуже самого атеизма, таково моё мнение. Римский католицизм верует, что без всемирной государственной власти церковь не устоит на земле! По-моему, римский католицизм и не вера, а продолжение Западной Римской империи. Ведь и социализм — это следствие[1] католичества! Он, как и атеизм, вышел из отчаяния, чтобы заменить собой потерянную нравственную власть религии! Это тоже свобода через насилие, через меч и кровь!

Князь замолчал.

— Мне кажется, вас слишком поразил случай с вашим благодетелем[2], — ласково заметил старичок.

— Если бы вы пожили больше с людьми, то, конечно, успокоились бы и увидели, что всё гораздо проще... К тому же такие редкие случаи... происходят отчасти от... скуки...

Но тут вдруг случилось одно событие, и речь оратора прервалась самым неожиданным образом.

Ещё в начале, как только князь вошёл в гостиную, он сел как можно дальше от китайской вазы, которою так напугала его Аглая. В продолжение вечера сильные, светлые впечатления стали наплывать в его душу. Когда он услышал о Павлищеве, он пересел ближе к столу и прямо сел на кресло около огромной, прекрасной китайской вазы.

При последних словах своих он вдруг встал с места, неосторожно махнул рукой и... раздался всеобщий крик! Ваза упала на пол.

Он долго как бы не понимал, что случилось. Он видел, как убирали осколки[3], слышал быстрые разговоры, видел Аглаю, бледную и странно смотревшую на него: в глазах её совсем не было ненависти; она

смотрела на него испуганным, но симпатичным, а на других таким сверкающим взглядом... На сердце его вдруг стало так сладко и больно. Наконец он увидел со странным удивлением, что все уселись и даже смеются! Смеялись уже на него глядя, но смеялись дружески, весело; многие с ним заговаривали ласково, во главе всех Лизавета Прокофьевна: она говорила смеясь и что-то очень доброе.

— Как? — пробормотал он наконец. — вы прощаете меня в самом деле, Лизавета Прокофьевна?

Смех усилился, у князя выступили на глазах слёзы; он не верил себе и был счастлив.

— Ну, вот беда, когда человеку конец приходит, а

тут из-за глиняного горшка! — громко сказала Лизавета Прокофьевна. — Полно, голубчик; пугаешь ты меня.

— И за всё прощаете? За всё, кроме вазы? — встал было князь с места. — Я вас не благодарю, я только... любуюсь вами, я счастлив, глядя на вас; может быть, я говорю глупо, но — мне говорить надо, объяснить...

Он посмотрел на Белоконскую.

— Ничего, продолжай, — заметила она, — говорить не бойся. Человек ты добрый, да смешной: две копейки тебе дадут, а ты благодаришь, точно жизнь спасли.

— Я вошёл сюда с тоской в сердце, — продолжал князь всё быстрее и одушевлённее, — я... боялся вас и себя. И что ж? Я увидел людей изящных[4], простодушных, умных; я увидел старика, который ласкает и выслушивает такого мальчика, как я; вижу людей, способных понимать и прощать, людей русских и добрых.

— Ещё раз прошу, успокойтесь, мой милый, мы обо всём этом в другой раз... — усмехнулся старичок.

— Слушайте! Я знаю, что говорить не хорошо: лучше просто пример, лучше просто начать... я уже начал... Неужели в самом деле можно быть несчастным? О, что такое моё горе и моя беда, если я в силах быть счастливым? Я не понимаю, как можно проходить мимо дерева и не быть счастливым, что видишь его? Говорить с человеком и не быть счастливым, что любишь его! Посмотрите на ребёнка, посмотрите на зарю, посмотрите на травку, как она растёт, посмотрите в глаза, которые на вас смотрят и вас любят...

Он давно стоял, говоря. Лизавета Прокофьевна вскрикнула: «Ах, боже мой!», прежде всех догадавшись. Аглая быстро подбежала к нему, успела принять его в свои руки и с ужасом услышала дикий крик несчастного. Больной лежал на ковре, начался припадок.

Этого никто не ожидал. Через полчаса уже все разъехались.

Белоко́нская, уезжа́я с ве́чера, сказа́ла Лизаве́те Проко́фьевне:

— Что ж, и хоро́ш, и дурён; а бо́льше дурён. Больно́й челове́к!

Лизаве́та Проко́фьевна реши́ла оконча́тельно, что жени́х «невозмо́жен», и дала́ себе́ сло́во, что «пока́ она́ жива́, не быть кня́зю му́жем её Агла́и». С э́тим и вста́ла у́тром.

На оди́н осторо́жный вопро́с сестёр Агла́я отве́тила хо́лодно:

— Я никако́го сло́ва не дава́ла ему́, никогда́ не счита́ла его́ мои́м женихо́м. Он мне тако́й же посторо́нний челове́к, как и вся́кий.

Лизаве́та Проко́фьевна вдруг покрасне́ла.

— Э́того я не ожида́ла от тебя́, — проговори́ла она́ с огорче́нием, — жени́х он невозмо́жный, я зна́ю; но от тебя́-то я таки́х слов не ждала́! Я бы всех вчера́шних прогна́ла, а его́ оста́вила, вот он како́й челове́к!..

Тут она́ вдруг останови́лась, испуга́вшись того́, что сказа́ла. Но е́сли бы зна́ла она́, как была́ несправедли́ва в э́ту мину́ту к до́чери... Уже́ всё бы́ло решено́ в голове́ Агла́и; она́ ждала́ своего́ ча́са, и вся́кий неосторо́жный вопро́с де́лал ей бо́льно.

Коммента́рий

1 сле́дствие — результа́т

2 благоде́тель — челове́к, кото́рый сде́лал кому́-нибудь добро́

3 оско́лок — кусо́к; часть разби́того предме́та

4 изя́щный — краси́вый, элега́нтный

Вопро́сы

- Почему́ князь стал защища́ть Никола́я Андре́евича Павли́щева?
- Что сказа́л князь о ри́мском католи́цизме?
- Что произошло́, когда́ князь неосторо́жно махну́л руко́й?
- Что удиви́ло кня́зя?
- Что сказа́ла кня́зю Лизаве́та Проко́фьевна?

- Почему́ князь был сча́стлив?
- Что произошло́ с кня́зем?
- Что сказа́ла Лизаве́те Проко́фьевне Белоко́нская?
- Что отве́тила Агла́я на вопро́с сестёр?
- Что оконча́тельно реши́ла Лизаве́та Проко́фьевна?
- Почему́ ей не понра́вились слова́ Агла́и?
- Ве́рно ли оцени́ла мать реше́ние до́чери?

V

Для кня́зя э́то у́тро начало́сь под влия́нием тяжёлых предчу́вствий; их мо́жно бы́ло объясни́ть его́ боле́знью. Грусть его́ шла да́льше; он понима́л, что ему́ не успоко́ить себя́ одному́. Ма́ло-пома́лу в нём усили́лось ожида́ние, что сего́дня же с ним случи́тся что́-то осо́бенное и оконча́тельное. Припа́док, бы́вший с ним вчера́, был из лёгких. Голова́ его́ рабо́тала отчётливо, хотя́ душа́ и была́ больна́. Встал он по́здно и вспо́мнил, как его́ довели́ домо́й. Уже́ приходи́л к нему́ челове́к, по́сланный от Епанчины́х узна́ть о его́ здоро́вье. В полови́не двена́дцатого пришёл друго́й; э́то бы́ло ему́ прия́тно. Лицо́ его́ просветле́ло, когда́, во второ́м часу́, он уви́дел Епанчины́х, входя́щих навести́ть его́ «на мину́тку». Князь поспеши́л ещё раз попроси́ть проще́ния за вчера́шнюю ва́зу и... сканда́л.

— Ну, э́то ничего́, — отве́тила Лизаве́та Проко́фьевна, — ва́зы не жаль, жаль тебя́. Зна́чит, сам понима́ешь, что был сканда́л: вот что зна́чит «на друго́е-то у́тро»... но с тебя́ не́чего спра́шивать. Ну, до свида́нья; е́сли в си́лах, так погуля́й и опя́ть засни́. А взду́маешь, заходи́ по-пре́жнему; что бы ни случи́лось, ты оста́нешься дру́гом на́шего до́ма: мои́м, по кра́йней ме́ре.

Князь реши́л ве́чером же идти́ к ним непреме́нно «по-пре́жнему», но неожи́данно узна́л, что сего́дня бу́дет свида́ние Агла́и Ива́новны с Наста́сьей Фили́п-

повной.

Дело было окончательное. Но для чего она хочет её видеть? Нет, он не считал её за ребёнка! Он не столько свидания их боялся, не причины свидания, — он самой Настасьи Филипповны боялся. Он не запомнил, как принесли ему обед, не помнил, спал ли он после обеда. Он начал ясно всё понимать только с той минуты, когда Аглая вдруг вошла к нему на террасу: было четверть восьмого. Аглая была одна, одета просто и как бы наскоро. Лицо её было бледно, а глаза горели. Она внимательно его оглядела.

— Вы готовы, — заметила она тихо и спокойно. — Пойдёмте же. Вы в силах, чтобы выйти?

— Я в силах, но... разве это возможно?

Он уже ничего не мог сказать больше. Когда они подошли к даче Настасьи Филипповны, дверь открылась и поджидавший Рогожин впустил князя и Аглаю и закрыл за ними дверь.

— В доме никого, кроме нас вчетвером, — сказал он и странно посмотрел на князя.

В первой же комнате ждала и Настасья Филипповна, тоже одетая весьма просто и вся в чёрном; она встала навстречу, но не улыбнулась и даже князю не

подала́ руки́.

Агла́я се́ла на дива́не в углу́ ко́мнаты, Наста́сья Фили́пповна у окна́. Князь и Рого́жин не сади́лись[1], да их и не пригласи́ли сади́ться. Молча́ние продолжа́лось не́сколько мгнове́ний.

Наконе́ц, Агла́я твёрдо и пря́мо погляде́ла в глаза́ Наста́сьи Фили́пповны и я́сно прочла́ мы́сли сопе́рницы. Же́нщина поняла́ же́нщину; Агла́я вздро́гнула.

— Вы, коне́чно, зна́ете, заче́м я вас приглаша́ла, — вы́говорила она́ наконе́ц.

— Нет, не зна́ю, — отве́тила Наста́сья Фили́пповна хо́лодно.

Агла́я покрасне́ла.

— Вы всё понима́ете... но вы де́лаете вид, бу́дто... не понима́ете.

— Для чего́ бы э́то?

— Вы хоти́те воспо́льзоваться мои́м положе́нием... что я у вас в до́ме.

— В э́том положе́нии винова́ты вы, а не я! Не вы мной приглашены́, а я ва́ми.

— Вы не так по́няли, — сказа́ла она́, — я с ва́ми не пришла́... ссо́риться, хотя́ я вас не люблю́. Я... пришла́ к вам... с челове́ческою ре́чью. Я хоте́ла вам отве́тить на то, что вы мне писа́ли, и отве́тить ли́чно. Вы́слушайте же: мне ста́ло жаль кня́зя Льва Никола́евича в пе́рвый раз в тот са́мый день, когда́ я с ним познако́-

милась и когда́ пото́м узна́ла обо всём, что произошло́ на ва́шем ве́чере. Мне потому́ его́ ста́ло жаль, что он тако́й простоду́шный челове́к и по простоте́ свое́й пове́рил, что мо́жет быть сча́стлив... с же́нщиной... тако́го хара́ктера. Чего́ я боя́лась, то и случи́лось: вы не могли́ его́ полюби́ть, изму́чили его́ и бро́сили. Вы потому́ его́ не могли́ люби́ть, что сли́шком горды́... нет, потому́ что вы себялюби́вы до... сумасше́ствия. Вы его́ тако́го просто́го не могли́ полюби́ть. Тогда́ он написа́л мне письмо́. По э́тому письму́ я всё поняла́. Я угада́ла, что вы должны́ прие́хать сюда́, потому́ что вам нельзя́ быть без Петербу́рга: вы ещё сли́шком мо́лоды и хороши́ собо́й для прови́нции... Когда́ я уви́дела опя́ть кня́зя, мне ста́ло ужа́сно за него́ бо́льно и оби́дно. Не сме́йтесь...

— Вы ви́дите, что я не смею́сь, — гру́стно и стро́го проговори́ла Наста́сья Фили́пповна.

— Впро́чем, мне всё равно́, сме́йтесь. Он мне сказа́л, что давно́ уже́ вас не лю́бит, что да́же воспомина́ние о вас ему́ мучи́тельно, но что ему́ вас жаль. Я ни одного́ челове́ка не встреча́ла в жи́зни, подо́бного ему́. Вся́кий, кто захо́чет, мо́жет его́ обману́ть, и он вся́кому прости́т, за э́то-то я его́ и полюби́ла...

Агла́я останови́лась, само́й себе́ не ве́ря, что она́ могла́ вы́говорить тако́е сло́во; но каза́лось, ей тепе́рь было́ уже́ всё равно́.

— Вы тепе́рь по́няли, чего́ я от вас хочу́?

— Мо́жет быть, и поняла́, но скажи́те са́ми, — ти́хо отве́тила Наста́сья Фили́пповна.

— Я хоте́ла от вас узна́ть, — твёрдо и разде́льно сказа́ла Агла́я, — по како́му пра́ву² вы вме́шиваетесь³ в его́ чу́вства ко мне? По како́му пра́ву вы осме́лились ко мне писа́ть пи́сьма? По како́му пра́ву вы заявля́ете помину́тно ему́ и мне, что вы его́ лю́бите, по́сле того́, как са́ми же его́ бро́сили и от него́ с тако́ю оби́дой и... позо́ром убежа́ли?

— Я не заявляла ни ему, ни вам, что его люблю, — с усилием выговорила Настасья Филипповна.

— Как? — закричала Аглая. — А письма ваши? Кто вас просил нас женить? Зачем вы просто не уехали отсюда? Зачем вы не выходите теперь за человека, который вас так любит? Если вы хотели быть честной женщиной, так отчего вы не бросили Тоцкого, просто... без театральных представлений?

— Что вы знаете о моём положении, чтобы могли судить меня? — вздрогнула Настасья Филипповна, ужасно побледнев.

— Знаю то, что вы не пошли работать, а ушли с богачом Рогожиным, чтобы падшего ангела из себя представить. Захотела быть честной, так в прачки⁴ бы шла.

Обе поднялись и бледные смотрели друг на друга.

— Аглая, остановитесь! Ведь это несправедливо, — закричал князь. Рогожин уже не улыбался, но слушал молча и скрестив руки.

— Вот, смотрите на неё, — говорила Настасья Филипповна, дрожа от озлобления. — И я её за ангела считала! А хотите... я вам скажу сейчас прямо, зачем вы ко мне пришли? Боитесь, оттого и пришли.

— Вас боюсь? — спросила Аглая.

— Конечно, меня! А знаете, почему вы боитесь меня и в чём ваша главная цель? Вы хотели сами лично увидеть: больше ли он меня, чем вас, любит, потому что вы ужасно ревнуете...

— Он мне уже сказал, что вас ненавидит... — про-

шепта́ла Агла́я.

— Не мо́жет он меня́ ненави́деть, и не мог он так сказа́ть! А хо́чешь, я сейча́с... прикажу́, и он бро́сит тебя́ и оста́нется при мне и же́нится на мне, а ты побежи́шь домо́й одна́?

И она́, и Агла́я останови́лись в ожида́нии, и о́бе, как сумасше́дшие, смотре́ли на кня́зя. Но он то́лько ви́дел пе́ред собо́й отча́янное[5], безу́мное лицо́. Он не мог бо́лее вы́нести и с жа́ром обрати́лся к Агла́е, ука́зывая на Наста́сью Фили́пповну:

— Ра́зве э́то возмо́жно! Ведь она́... сумасше́дшая!

Но то́лько э́то и успе́л вы́говорить, как Агла́я закры́ла рука́ми лицо́, вскри́кнула и бро́силась вон из

ко́мнаты, за ней Рого́жин. Побежа́л и князь, но на поро́ге Наста́сья Фили́пповна обняла́ его́.

— За ней? За ней?..

Она́ упа́ла без чу́вств ему́ на́ руки.

Коммента́рий

1 не сади́лись — по этике́ту мужчи́ны в прису́тствии же́нщин мо́гут сесть, то́лько е́сли им предло́жат

2 по како́му пра́ву — почему́, на како́м основа́нии

3 вме́шиваться — принима́ть уча́стие в чужо́м де́ле

4 пра́чка — рабо́тница, кото́рая стира́ет бельё

5 отча́янный — потеря́вший наде́жду, безнадёжный

Вопро́сы

- Что сказа́л князь Епанчины́м, когда́ они́ пришли́ навести́ть его́?
- Что отве́тила кня́зю Лизаве́та Проко́фьевна?
- Куда́ ве́чером Агла́я повела́ кня́зя?
- Како́й разгово́р произошёл ме́жду Агла́ей и Наста́сьей Фили́пповной?
- Почему́, по мне́нию Агла́и, Наста́сья Фили́пповна не могла́ полюби́ть кня́зя?
- Почему́ Агла́я не хоте́ла счита́ть Наста́сью Фили́пповну че́стной же́нщиной и па́дшим а́нгелом?
- Как Наста́сья Фили́пповна объясни́ла причи́ну приглаше́ния Агла́и?
- Почему́ Агла́я убежа́ла?
- Смог ли князь догна́ть Агла́ю?

VI

Через две недели история нашего героя и особенно последнее приключение превращается в странный, увеселительный анекдот, распространяющийся мало-помалу по всем улицам, соседним с дачами наших героев, короче сказать, почти по всему городу и даже по окрестностям его. Почти все начали рассказывать одну и ту же историю, на тысячу разных вариаций, о том, как один князь произвёл скандал в известном доме, отказался от своей невесты, увлёкся другой, порвал все прежние связи и собирается обвенчаться на днях со своей любовницей открыто, публично.

В продолжение двух недель князь целые дни и вечера проводил вместе с Настасьей Филипповной, она брала его с собой на прогулки, на музыку; он разъезжал с нею в экипаже; он начинал беспокоиться о ней, если только час не видел её (стало быть, по всем признакам, любил её искренно). Но в эти же дни несколько раз вдруг приходил к Епанчиным, не скрывая этого от Настасьи Филипповны, от чего та теряла последнюю

надёжду. У Епанчины́х его́ не принима́ли, в свида́нии с Агла́ей Ива́новной отка́зывали; он уходи́л, ни сло́ва не говоря́, а на друго́й день шёл к ним опя́ть и получа́л новы́й отка́з.

Вопро́сы

- Како́й анекдо́т распространи́лся по всем у́лицам через две неде́ли?
- Как князь проводи́л вре́мя после́дние две неде́ли?
- Почему́ кня́зя не принима́ли у Епанчины́х?

VII

Накануне свадьбы князь оставил Настасью Филипповну в хорошем настроении: из Петербурга прибыли от модистки наряды, венчальное платье, головной убор и прочее. Князь и не ожидал, что она будет до такой степени увлечена нарядами; сам он всё хвалил, и от похвал его она становилась ещё счастливее.

Венчание назначено было в восемь часов пополудни; Настасья Филипповна готова была ещё в семь. В половине восьмого князь поехал в церковь в экипаже. Заметим кстати, что он сам нарочно не хотел пропустить

ни одного из принятых обычаев; всё делалось гласно, открыто и «как следует». Настасья Филипповна вышла на крыльцо. Голоса из толпы приветствовали её появление:

— Какая красавица!

— Княгиня! За такую княгиню я бы душу продал! — закричал какой-то студент. — «Ценою жизни ночь мою!..»

Настасья Филипповна вышла на крыльцо бледная, как платок. Уже открыли дверцы экипажа, как вдруг она вскрикнула и бросилась с крыльца прямо в толпу. В пяти шагах от крыльца показался вдруг Рогожин. Она добежала до него как безумная, и схватила его за обе руки:

— Спаси меня! Увези меня! Куда хочешь!

Рогожин подхватил её почти на руки и чуть не поднёс к карете. Затем, в один миг, вынул сто рублей и передал их извозчику.

— На железную дорогу, а успеешь к машине, так ещё сторублёвую!

И сам прыгнул в экипаж за Настасьей Филипповной и закрыл дверцы. Извозчик не сомневался ни одной минуты и ударил по лошадям.

Князь вышел из церкви спокойный. Казалось, ему хотелось домой, остаться поскорее одному; но этого ему не дали. Вслед за ним вошли в комнату некоторые из приглашённых. Начался разговор, стали подавать чай.

Наконец, около половины одиннадцатого, князя оставили одного, у него болела голова. Рогожин же объяснил потом, что князь ни о чём не предупредил его в последнюю встречу, значит, и от него даже скрывал свои желания. Скоро во всём доме почти никого не осталось.

Вопросы

- Как Настасья Филипповна готовилась к свадьбе?
- Как реагировала на невесту толпа?
- Почему свадьба князя с Настасьей Филипповной не состоялась?
- Что сделал Рогожин?
- Как отреагировал на бегство невесты князь?

VIII

На следующее утро князь уже был в Петербурге, а в десятом часу звонил к Рогожину. Он вошёл с парадного входа, и ему долго не открывали.

— Парфёна Семёновича дома нет, — ответили наконец.

— Ночева́л ли он до́ма? И... оди́н ли верну́лся вчера́?

— А мо́жно спроси́ть, вы кто тако́в?

— Князь Лев Никола́евич Мы́шкин, мы хорошо́ знако́мы.

— Их не́ту до́ма.

Две́ри закры́лись.

Князь реши́л зайти́ че́рез час. Загляну́в во двор, повстреча́л дво́рника.

— Парфён Семёнович до́ма?

— До́ма.

— Как же мне сказа́ли, что нет до́ма?

— Мо́жет, и вы́шел, — реши́л дво́рник.

— А Наста́сьи Фили́пповны с ним вчера́ не было ли?

— Э́того не зна́ем.

Князь вы́шел и не́которое вре́мя ходи́л в разду́мье по тротуа́ру. О́кна ко́мнат, занима́емых Рого́жиным, бы́ли закры́ты; день был я́сный, жа́ркий; князь перешёл через у́лицу и останови́лся взгляну́ть ещё раз на о́кна.

Он стоя́л с мину́ту и вдруг ему́ показа́лось, что край

одной занавески приподнялся и на миг показалось лицо Рогожина.

Всё это было подозрительно и нечисто. Князь решил ещё раз зайти часа через два. Но кто-то вдруг тронул его за локоть и вполголоса проговорил над самым ухом:

— Лев Николаевич, иди за мной.

Это был Рогожин. Он уже шёл почти на полшага впереди.

— Вот что, Лев Николаевич, ты иди здесь прямо до дома, знаешь? А я пойду по той стороне. Да поглядывай, чтобы нам вместе...

Сказав это, он перешёл через улицу. Так прошли они шагов пятьсот, и вдруг князь начал почему-то дрожать; Рогожин, не переставал оглядываться; князь не выдержал и позвал. Тот тотчас же перешёл к нему через улицу:

— Настасья Филипповна разве у тебя?

— У меня.

— А сейчас это ты в окно смотрел?

— Я...

Было уже около десяти часов вечера. Князь подошёл к дому с противоположного тротуара; Рогожин со своего тротуара встал на крыльцо и махал ему рукой. Князь перешёл к нему на крыльцо.

Поднимаясь по лестнице, он обернулся и попросил князя, чтобы тот шёл тише, тихо открыл дверь в свои комнаты, впустил князя, осторожно прошёл за ним,

закры́в дверь за собо́й и положи́л ключ в карма́н.

— Пойдём, — произнёс он шёпотом. — Вот ты как ко мне зазвони́л, я то́тчас и догада́лся, что э́то ты. Подошёл к э́тому окну́, откры́л занаве́ску, а ты там стои́шь, пря́мо на меня́ смо́тришь...

— Где же... Наста́сья Фили́пповна? — спроси́л князь, задыха́ясь.

— Она́... здесь, — ме́дленно проговори́л Рого́жин.

— Где же?

Рого́жин по́днял глаза́ на кня́зя и внима́тельно посмотре́л на него́:

— Пойдём...

Он всё говори́л шёпотом и не торопя́сь, ме́дленно, заду́мчиво.

Вошли́ в кабине́т. В ко́мнате бы́ло о́чень темно́.

— Ты бы све́чку зажёг? — сказа́л князь.

— Нет, не на́до, — отве́тил Рого́жин, и, взяв кня́зя за ру́ку, нагну́л его́ к сту́лу; сам сел напро́тив, придви́нув стул так, что почти́ соприкаса́лся с кня́зем коле́нями. — Сади́сь, посиди́м пока́! — сказа́л он. С мину́ту молча́ли.

— Рого́жин! Где Наста́сья Фили́пповна? — прошепта́л вдруг князь и встал, дрожа́. Подня́лся и Рого́жин.

— Там, — шепнул он, показав на занавеску.

— Спит? — шепнул князь.

Опять Рогожин посмотрел на него внимательно.

— Аль уж пойдём!.. Только ты... ну, да пойдём!

Он приподнял занавеску.

— Входи! — сказал он. Князь прошёл.

— Тут темно, — сказал он.

— Видать! — пробормотал Рогожин.

— Я чуть вижу... кровать.

— Подойди ближе-то, — тихо предложил Рогожин.

Князь шагнул ещё ближе, шаг, другой, и остановился. Он стоял и всматривался минуту или две. Он уже мог различать всю кровать; на ней кто-то спал, совер-

шённо неподвижным сном; не слышно было ни малейшего дыхания. Спавший был закрыт с головой белой простынёй; видно было, что лежит человек. Кругом в беспорядке, на кровати, на креслах, на полу даже, разбросана была снятая одежда, богатое белое шёлковое платье, цветы, ленты. На маленьком столике у кровати блистали снятые и разбросанные бриллианты. В ногах лежали какие-то кружева, и на белевших кружевах из-под простыни виден был кончик обнажённой[1] ноги; он казался сделанным из мрамора и ужасно был неподвижен.

— Выйдем, — тронул его за руку Рогожин.

Они вышли, уселись опять в тех же стульях.

Князь вслушивался, чтобы понять, и всё спрашивал взглядом.

— Это ты? — выговорил он наконец, показав на занавеску.

— Это... я... — прошептал Рогожин.

Помолчали минут пять.

— Слушай... — спросил князь, точно искал, что именно надо спросить, и как бы тотчас же забывал. — Слушай, скажи мне: чем ты её? Ножом? Тем самым?

— Тем самым... — Стой, слышишь? — быстро перебил вдруг Рогожин и испуганно присел. — Ходит! Слышишь? В зале...

Оба стали слушать.

— Слышу, — уверенно прошептал князь.

— Ходит?

— Ходит.

— Закрыть дверь или нет?

— Закрыть.

Двери закрыли, и оба опять уселись. Долго молчали.

Князь вдруг понял, что всё говорит не о том, о чём надо ему говорить, и делает всё не то, что надо делать. Рогожин не поворачивал к нему головы и как бы даже

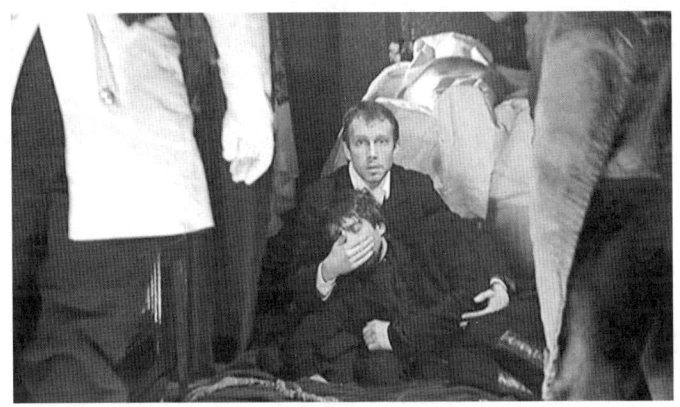

и забыл о нём. Князь смотрел и ждал; время шло, начиналось утро.

Когда уже после многих часов, открылась дверь и вошли люди, они застали убийцу в полном беспамятстве. Князь сидел около него неподвижно и каждый раз при крике больного спешил провести дрожащей рукой по его волосам и щекам, как бы лаская и успокаивая его. Но он уже ничего не понимал и не узнавал вошедших и окруживших его людей.

Комментарий

1 обнажённый — голый

> **Вопро́сы**
>
> - К кому́ в Петербу́рге сра́зу же пошёл князь? Почему́?
> - Нашёл ли он Рого́жина до́ма?
> - Как он встре́тил Рого́жина?
> - Что по доро́ге Рого́жин говори́л кня́зю?
> - Что уви́дел князь в кабине́те Рого́жина за занаве́ской?
> - Почему́ князь вздро́гнул?
> - Что спроси́л князь у Рого́жина?
> - Что уви́дели лю́ди, когда́ вошли́ в кабине́т Рого́жина?
> - Что случи́лось с кня́зем?

IX
ЗАКЛЮЧЕНИЕ

Рого́жин дал во всём прямы́е, то́чные и соверше́нно удовлетвори́тельные показа́ния, по кото́рым князь с са́мого нача́ла от суда́ был освобождён. Рого́жин был молчали́в во вре́мя суде́бного проце́сса. Он был осуждён в Сиби́рь, в ка́торгу, на пятна́дцать лет. Всё огро́мное состоя́ние его́ перешло́ к бра́ту его́, Семёну Семёновичу, к большо́му удово́льствию после́днего.

Князь попа́л опя́ть за грани́цу в швейца́рское за-

ведение Шнейдера. Аглая Ивановна Епанчина после короткой и необычайной дружбы с одним эмигрантом, польским графом, вышла вдруг за него замуж, против желания своих родителей. Бедная Лизавета Прокофьевна приехала к ней, но всё время вспоминала Россию и критиковала всё заграничное: «хлеба испечь хорошо не умеют», — говорила она. — И вся эта заграница, вся эта ваша Европа, всё это одна фантазия, и все мы за границей одна фантазия...».

Вопросы

- Что произошло с Рогожиным?
- Что стало с Аглаей?
- Какова судьба князя Мышкина?

> • Что ду́мала Лизаве́та Проко́фьевна о Евро́пе и ру́сских за грани́цей?

Задания после прочтения романа

1. Дайте характеристику одного из следующих героев: князь Мышкин, Настасья Филипповна, генерал Епанчин, генеральша Епанчина, Аглая, Гаврила Иволгин, Рогожин, Тоцкий, Лебедев.

Назовите полное имя героев, их возраст, опишите внешность и характер, проследите их роль в сюжете романа.

2. Подготовьте эссе на основании рассуждений писателя и его героев о:

а) русском либерализме,

б) смертной казни,

в) обыкновенных людях,

г) ценности жизни.

Выскажите свою точку зрения, обоснуйте её.

3. Придумайте заголовки каждой главе романа. Запишите их. Перескажите ключевые моменты сюжета, опираясь на заголовки.

4. Кому принадлежат эти слова, когда они были

сказаны:

Только всё русское бесплатно себе берут.

Так меня тут и прожгло.

Не пара тебе княгиня.

Денег же у меня в настоящую минуту почти ни копейки нет.

Да вы что же, у нас жить хотите?

Так вас здесь знают и точно помнят.

Ещё бы ты-то отказался!

Если уж вы так добры, то вот у меня одно дело.

Вы думаете, что умнее всех проживёте?

От детей ничего не надо скрывать под предлогом, что они маленькие и что им рано знать.

Я в торги не вступаю.

Вы, по-моему, самый обыкновенный человек, разве только что слабый очень и нисколько не оригинальный.

Вот такие-то и любят властвовать.

Он в меня с одного взгляда поверил, и я ему верю.

Сегодня мой день, я давно его ждала.

Прощай, князь, в первый раз человека видела.

Говорят, что умнее вас и на свете нет...

Ни-ни-ни, ни в одном глазу!

Ведь так с голоду помрёшь!

Жалость твоя, пожалуй, ещё больше моей любви.

Да от этой картины вера может пропасть.

Ну, дурак и он, и его подвиги.

Эх ты, простофиля! Все-то тебя обманывают.

Либерализм не грех.

Здесь ни одного нет, который бы стоил таких слов.

Рожа-то в крови!

Я без тебя не хочу мою новую жизнь встречать.

Кто виноват, что они несчастны и не умеют жить, имея впереди по шестидесяти лет жизни?

Дело в жизни, в одной жизни, — в открывании её, а совсем не в открытии.

Главный ум у вас лучше, чем у них у всех.

Лихом не поминай.

Остались в дураках.

Что делать — судьба!

Вы меня огорчили и поразили.

Такие редкие случаи происходят отчасти от скуки.

Он мне такой же посторонний человек, как и всякий.

Вы хотите воспользоваться моим положением.

Спаси меня!

Их нету дома.

Хлеба испечь хорошо не умеют.

러시아어로 한국 고전 읽기 시리즈

1. 난중일기 | 이순신
   Военный дневник | Ли Сунсин

2. 하늘과 바람과 별과 시 | 윤동주
   Небо, ветер, звёзды и поэзия | Юн Донджу

3. B사감과 러브레터 – 현진건 단편선 | 현진건
   Любовные письма госпожи Б | Хён Чжингон

러시아어로 러시아 고전 읽기 시리즈

1. Дама С Собачкой | А.П. Чехов
   개를 데리고 다니는 여인 | 안똔 체홉

2. Дочь Бухары | Людмила Улицкая
   부하라의 딸 | 류드밀라 울리쯔까야

3. Господин из Сан-Франциско | Иван Бунин
   샌프란시스코에서 온 신사 | 이반 부닌

4. Три Сестры | А. П. Чехов
   세 자매 | 안똔 체홉

5. Пиковая дама | Александр Пушкин
   스페이드 여왕 | 알렉산드르 뿌쉬낀

6. Анна Каренина | Лев Толстой
   안나 까레니나 | 레프 똘스또이

7. На дне | Максим Горький
   밑바닥에서 | 막심 고리끼

8. Идиот | Ф. М. Достоевский
   백치 | 표도르 도스또옙스끼

ИДИОТ
백치

초판 인쇄 2020년 04월 28일
초판 발행 2020년 05월 07일

지은이 표도르 도스또옙스끼

펴낸이 김선명
펴낸곳 뿌쉬낀하우스
편집 엄올가, 소지은
디자인 김율하
녹음 김율리아
주소 서울시 중구 동호로 15길 8, 리오베빌딩 3층
전화 02)2237-9387
팩스 02)2238-9388
이메일 book@pushkinhouse.co.kr
홈페이지 www.pushkinhouse.co.kr
출판등록 2004년 3월 1일 제 2004-0004호

ISBN 979-11-7036-034-6 14790
   978-89-92272-61-2 (세트)

© ЗАО «Златоуст», 2013
Настоящее издание осуществлено по лицензии, полученной от ЗАО «Златоуст»
© Pushkin House, 2020

이 책의 국내 저작권은 «Златоуст» 출판사와 독점 계약한 뿌쉬낀하우스에 있습니다.
저작권법에 의해 한국 내에서 보호를 받는 저작물이므로 무단 전재와 무단 복제를 금합니다.